MIX
Papier aus verantwortungsvollen Quellen
Paper from responsible sources
FSC® C105338

Matthias Hebben

Die internationale Standortwahl von Volkswagen

In Argentinien, Brasilien und Mexiko

disserta Verlag

Hebben, Matthias: Die internationale Standortwahl von Volkswagen: In Argentinien, Brasilien und Mexiko, Hamburg, disserta Verlag, 2014

Buch-ISBN: 978-3-95425-452-1
PDF-eBook-ISBN: 978-3-95425-453-8
Druck/Herstellung: disserta Verlag, Hamburg, 2014
Covermotiv: © carlosgardel – Fotolia.com

Bibliografische Information der Deutschen Nationalbibliothek:
Die Deutsche Nationalbibliothek verzeichnet diese Publikation in der Deutschen Nationalbibliografie; detaillierte bibliografische Daten sind im Internet über http://dnb.d-nb.de abrufbar.

Das Werk einschließlich aller seiner Teile ist urheberrechtlich geschützt. Jede Verwertung außerhalb der Grenzen des Urheberrechtsgesetzes ist ohne Zustimmung des Verlages unzulässig und strafbar. Dies gilt insbesondere für Vervielfältigungen, Übersetzungen, Mikroverfilmungen und die Einspeicherung und Bearbeitung in elektronischen Systemen.

Die Wiedergabe von Gebrauchsnamen, Handelsnamen, Warenbezeichnungen usw. in diesem Werk berechtigt auch ohne besondere Kennzeichnung nicht zu der Annahme, dass solche Namen im Sinne der Warenzeichen- und Markenschutz-Gesetzgebung als frei zu betrachten wären und daher von jedermann benutzt werden dürften.

Die Informationen in diesem Werk wurden mit Sorgfalt erarbeitet. Dennoch können Fehler nicht vollständig ausgeschlossen werden und die Diplomica Verlag GmbH, die Autoren oder Übersetzer übernehmen keine juristische Verantwortung oder irgendeine Haftung für evtl. verbliebene fehlerhafte Angaben und deren Folgen.

Alle Rechte vorbehalten

© disserta Verlag, Imprint der Diplomica Verlag GmbH
Hermannstal 119k, 22119 Hamburg
http://www.disserta-verlag.de, Hamburg 2014
Printed in Germany

Inhaltsverzeichnis

INHALTSVERZEICHNIS I

ABBILDUNGSVERZEICHNIS III

ABKÜRZUNGSVERZEICHNIS V

1. Einleitung 1

    1.1 Einführung in die Problemstellung 1

    1.2 Zielsetzung der wissenschaftlichen Studie 2

    1.3 Gliederung der Arbeit 3

2. Grundlagen der strategischen Standortwahl 5

    2.1 Entwicklung des Welthandels 5

    2.2 Aufgaben und Ziele der internationalen Standortwahl 7

    2.3 Realisierung der strategischen Standortwahl 8

    2.4 Standortauswahlprozess der Volkswagen AG 11

3. Volkswagen 13

    3.1 Unternehmensentwicklung 13

    3.2 Trends der Globalisierung 15

        3.2.1   Preis- und Kostendruck 15

        3.2.2   Kooperationen und Fusionen 17

        3.2.3   Customer Relationship Management 18

    3.3 Zukunftsvisionen und Nachhaltigkeit 20

4. Wirtschaftsstandorte in Schwellenländern 21

    4.1 Argentinien: Wirtschaftsdaten und -fakten 21

        4.1.1 Marktsituation und -wachstum 22

        4.1.2 Kundenmarkt und Kaufkraft 27

        4.1.3 Import, Export und Freihandelsabkommen 27

        4.1.4 SWOT-Analyse 30

    4.2 Brasilien: Wirtschaftsdaten und -fakten 32

        4.2.1   Marktsituation und -wachstum 33

        4.2.2   Kundenmarkt und Kaufkraft 35

        4.2.3   Import, Export und Freihandelsabkommen 37

        4.2.4   SWOT-Analyse 40

4.3	Mexiko: Wirtschaftsdaten und –fakten		43
	4.3.1	Marktsituation und -wachstum	45
	4.3.2	Kundenmarkt und Kaufkraft	47
	4.3.3	Import, Export und Freihandelsabkommen	50
	4.3.4	SWOT-Analyse	54

5. Vergleich der Wirtschaftsstandorte 57

5.1 Die Rolle Volkswagens auf den einzelnen Wirtschaftsmärkten 57

    5.1.1 Wettbewerb & Absatzpotenzial 57

    5.1.2 Politik und Steuern 64

    5.1.3 Liefermöglichkeiten und Infrastruktur 72

    5.1.4 Personalkosten und Qualifikationsniveau 77

5.2 Strategische Ziele 85

5.3 Zukunftsprognose 87

6. Zusammenfassende Schlussbetrachtung 93

Literaturverzeichnis VII

Anhangverzeichnis XVII

Abbildungsverzeichnis

Abbildung 1: Entwicklung des Welthandels von 1950 bis 2000 6
Abbildung 2: Phasen der internationalen Standortwahl 9
Abbildung 3: Standortwahlprozess der Volkswagen AG nach Autschbach (1997) 12
Abbildung 4: Organigramm des VW-Konzerns 14
Abbildung 5: Umsatzentwicklung der Volkswagen AG 14
Abbildung 6: Weltweiter Absatz des VW-Konzerns nach Regionen 15
Abbildung 7: Wirtschaftsdaten Argentinien 21
Abbildung 8: Wachstum des realen BIP von 2003 bis 2013 in Argentinien 23
Abbildung 9: Inflationsrate von 2003 bis 2013 in Argentinien 24
Abbildung 10: Produzierte Pkw in Argentinien im Vergleich Januar-Oktober 2012 (2.Spalte von rechts) zu Januar-Oktober 2013 (3.Spalte von rechts) 26
Abbildung 11: Pkw-Absatz in Argentinien im Vergleich von Januar-Oktober 2012 (2.Spalte von rechts) zu Januar-Oktober 2013 (3. Spalte von rechts) 26
Abbildung 12: Hauptlieferländer Argentiniens 2012 27
Abbildung 13: Hauptabnehmerländer Argentiniens 2012 28
Abbildung 14: SWOT-Analyse Argentinien 30
Abbildung 15: Wirtschaftsdaten Brasilien 32
Abbildung 16: BIP-Wachstum Brasiliens von 2010 bis 2014 (teils prognostiziert) 34
Abbildung 17: Inflationsrate Brasiliens von 2003 bis 2013 (teils prognostiziert) 35
Abbildung 18: Die größten Fahrzeughersteller Brasiliens 2011 36
Abbildung 19: Außenhandelsentwicklung Brasiliens 1995 bis 2010 38
Abbildung 20: Hauptlieferländer Brasiliens 39
Abbildung 21: Hauptabnehmerländer Brasiliens 2012 39
Abbildung 22: SWOT-Analyse Brasiliens 41
Abbildung 23: Wirtschaftsdaten Mexiko 43
Abbildung 24: BIP-Wachstum Mexikos von 2003 bis 2013 (teils prognostiziert) 45
Abbildung 25: Produzierte Kfz 2012 in Mexiko 46
Abbildung 26: Größte Autoexporteure 2012 in Mexiko 47
Abbildung 27: Einkommensentwicklung Mexikos 2006 bis 2010 48
Abbildung 28: Entwicklung der Konsumausgaben Mexikos von 2006 bis 2010 49
Abbildung 29: Außenhandelsentwicklung Mexikos 2010 bis 2012 50
Abbildung 30: Hauptlieferländer Mexikos 2012 51
Abbildung 31: Hauptabnehmerländer Mexikos 2012 52
Abbildung 32: Handelsvolumentwicklung der NAFTA 2003 bis 2011 53
Abbildung 33: SWOT-Analyse Mexiko 55
Abbildung 34: Kfz-Branche Argentiniens 2011 bis 2013 58
Abbildung 35: Pkw-Absatz und Marktanteil in Argentinien nach Herstellern 58
Abbildung 36: Pkw-Absatz und Marktanteil in Brasilien nach Herstellern 60
Abbildung 37: Kfz-Branche Mexikos 2010 bis 2012 61
Abbildung 38: Kfz-Produktion in Mexiko 2010 bis 2012 nach Herstellern 62
Abbildung 39: Pkw-Export aus Mexiko von 2010 bis 2012 64
Abbildung 40: Unternehmenssteuern Brasilien 68
Abbildung 41: Umsatzsteuern Brasilien 68
Abbildung 42: Größenmerkmale der Steuerpflicht Mexikos 71

Abbildung 43: Die zukünftig größten Infrastrukturvorhaben Brasiliens 75
Abbildung 44: Arbeitskosten und Produktivität in der argentinischen Industrie von 2003 bis 2012 78
Abbildung 45: Sozialabgaben in Argentinien 79
Abbildung 46: Entwicklung der durchschnittlichen Bruttomonatslöhne 2009 bis 2011 in Brasilien 80
Abbildung 47: Sozialabgaben (Arbeitgeberanteil) in Brasilien 81
Abbildung 48: Entwicklung des durchschnittlichen Nettolohns 2009 bis 2011 in Mexiko 82
Abbildung 49: Die durchschnittlichen Nettolöhne Mexikos nach Regionen 2012 83
Abbildung 50: Sozialabgaben (Arbeitgeberanteil) Mexikos 2012 84
Abbildung 51: Investitions- und Finanzplanung 2013 bis 2015 im VWs Konzernbereich Automobile 90

Abkürzungsverzeichnis

4 G	Telekommunikationsnetz
ACE	Abkommen zur wirtschaftlichen Ergänzung, Mexiko
ADEA	Automobilverband, Argentinien
ANFAVEA	Branchenverband Kfz, Brasilien
AFIP	Steuerbehörde, Argentinien
AFRMM	Einfuhrzoll, Brasilien
AG	Aktiengesellschaft
AHK	Außenhandelskammer
AMDA	Automobilverband, Mexiko
AMIA	Automobilverband, Mexiko
ART	Gesetzliche Unfallversicherung Argentinien
ASEAN	Staatenverbund Südostasien
Bio	Billion
BIP	Bruttoinlandsprodukt
BRICS	Bezeichnung aufstrebender Schwellenländer
CELAC	Gemeinschaft lateinamerikanischer und karibischer Staaten
CFE	Größter Stromproduzent in Mexiko
CONACyT	Forschungs- und Technologierat in Mexiko
COPAES	Evaluierungs- und Akkreditierungsverfahren in Mexiko
CSLL	Bundessozialabgabe, Brasilien
DAHZ	Deutsch-Argentinisches Hochschulzentrum
DGCREB	Außenministerium, Mexiko
DJAI	Eidesstattliche Erklärung, Argentinien
EP	Europäisches Parlament
EPL	Institut für den strategischen Ausbau der Infrastruktur, Brasilien
EU	Europäische Union
FENABRAVE	Automobilverband, Brasilien
FGTS	Arbeitslosenversicherung Brasilien
FIEL	Wirtschaftsforschungsinstitut Argentinien
G 20	Die Gruppe der weltweit 20 größten Industrienationen
GATT	Vorgängerorganisation der WTO
GmbH	Gesellschaft mit beschränkter Haftung
IETU	Unternehmenssteuer, Mexiko
i. d. R.	in der Regel
INDEC	Statistikamt, Argentinien
IMF	International Monetary Fund

INFONAVIT	Bausparfondgesellschaft, Mexiko
INEGI	Statistikamt Mexiko
IMSS	Sozialversicherung, Mexiko
INSS	Sozialversicherung, Brasilien
IPI	Industrieproduktsteuer, Brasilien
IRPJ	Unternehmenssteuer, Brasilien
IVA	Umsatzsteuer, Mexiko
IWF	Internationaler Währungsfond
MERCOSUR	Südamerikanisches Freihandelsabkommen
MW	Megawatt
NAFTA	Nordamerikanisches Freihandelsabkommen
OAS	Amerikanischer Wirtschaftsverband
OECD	Organisation für wirtschaftliche Zusammenarbeit und Entwicklung
p. a.	per anno
PEMEX	Größtes Erdölunternehmen, Mexiko
Plansab	Entwicklungsplan für die Abfall- und Wasserwirtschaft, Brasilien
SAT	Gesetzliche Unfallversicherung Brasilien
SWOT	Analyse von Stärken, Schwächen, Möglichkeiten und Risiken
t	tonne
UNASUR	Politische Gemeinschaft Südamerikas
UN	United Nations
UTMS	Telekommunikationsnetz
WHO	World Health Organisation
WTO	World Trade Organisation

1. Einleitung

1.1 Einführung in die Problemstellung

„Mit diesem neuem Werk treiben wir unsere große, ehrgeizige Nordamerika-Offensive voran und setzen ein starkes Symbol für einen ungebrochenen Wachstumskurs" (Volkswagen de Mexico, 2013)[1]

Mit diesem Satz verdeutlichte der Vorstandsvorsitzende von Volkswagen, Martin Winterkorn, die Ambitionen bei der 100. Eröffnung des VW-Werks in Silao, Mexiko, das im Januar 2013 eröffnet wurde.[2] Die zunehmende Globalisierung im 21. Jahrhundert, sowie der stagnierende Absatz in Europa sind Heraus-forderungen, denen sich die Automobilkonzerne stellen müssen. Dies erfordert auch ein Umdenken in der Strategie der Standortwahl auf internationalem Terrain. Dass in Europa der Markt gesättigt ist, lässt sich am stagnierenden Umsatz von 4,179 Million Pkw im Jahr 2012 auf dem europäischen Markt erkennen. Lediglich eine Steigerung von 2,7% im Jahr 2012 konnte im Vergleich zum Vorjahr erzielt werden. In Westeuropa erreichten die PKW-Neuzulassungen, die nicht identisch mit der Zahl der hergestellten Fahrzeuge sein müssen, im Jahr 2012 nicht den Vorjahreswert. Stattdessen war mit 11,7 Mio. Fahrzeugen (-8,2%) das geringste Gesamtmarktvolumen seit 1993 zu verzeichnen. Die Auswirkungen der Staatsschuldenkrise, die schwache Konjunktur, die steigende Arbeitslosigkeit und die damit einhergehende Verunsicherung der Marktteilnehmer waren die Hauptursachen für die hohen Marktrückgänge, vor allem in den südeuropäischen Märkten.[3]

Um neue Märkte zu erschließen, investierte Volkswagen in der Vergangenheit. Das Werk Anchieta in der Stadt São Bernardo de Campo in Brasilien, war das erste Volkswagen-Werk, das außerhalb Deutschlands errichtet wurde.[4] Seit 1964 wird in Puebla, Mexiko produziert, wo heute rund 14.900 Mitarbeiter beschäftigt sind.[5] Auch in Argentinien ist der Volkswagen Konzern mit den Werken in Córdoba und Pacheco tätig. Diese bilden zusammen mit den Werken in Mexiko und Brasilien wichtige Säulen in der Standortpolitik des Unternehmens. Um eine positive ökonomische Entwicklung zu gewährleisten, bedarf es der richtigen Strategie zum Ausbau des inter-

---

[1] Zit. aus Volkswagen de Mexico (2013), Internetquelle.
[2] Vgl. Volkswagen de Mexico. (2013), Internetquelle.
[3] Vgl. Volkswagen AG (2012), Internetquelle
[4] Vgl. Volkswagen do Brasil (2013), Internetquelle.
[5] Vgl. Volkswagen de Mexico (2013), Internetquelle.

nationalen Standortnetzes. Der Wettbewerb ist groß und somit ist Volkswagen für die Zukunft gefordert.

1.2 Zielsetzung der wissenschaftlichen Studie

Ziel der wissenschaftlichen Studie ist es, herauszufinden welche Möglichkeiten und Risiken sich für Volkswagen für den jeweiligen Standort ergeben. Darüber hinaus wird die wirtschaftliche Entwicklung des jeweiligen Standortes prognostiziert. Weiterhin wird der Kosten-und Nutzenfaktor für Volkswagen analysiert und aus ökonomischer Sicht bewertet. Als Fallbeispiele wurden die Schwellenländer Argentinien, Brasilien und Mexiko ausgewählt. Es ist zu untersuchen, in-wieweit diese als Wirtschaftsstandorte geeignet sind und welche Vor- und Nachteile sie als Produktionsstandorte mit sich bringen.

Diese Studie soll die Strategie der internationalen Standortwahl von Volkswagen in den Fokus rücken, verbunden mit den diesbezüglichen Herausforderungen und der ökonomischen Bewertung. Der Ausbau der globalen Marktposition ist ein wesentlicher Baustein der Wachstumsstrategie des VW-Konzerns.[6] Somit sind Schwellenländer wie Argentinien, Brasilien und Mexiko Ziele für die Expansionspolitik. Im Einzelnen sollen folgende Fragestellungen untersucht werden:

- Was sind die Aufgaben und Ziele einer internationalen Standortwahl und wie wird diese umgesetzt?
- Welche Markteigenschaften besitzen die Schwellenländer Argentinien, Brasilien und Mexiko?
- Welche Möglichkeiten und Risiken-, bzw. Stärken und Schwächen birgt der jeweilige Standort?
- Welches Marktpotenzial ist jeweils vorhanden? Wie ist der Wettbewerb zu bewerten?
- Welche politischen Auflagen und Steuerregelungen existieren?
- Über welche Infrastruktur verfügt das jeweilige Land?
- Wie hoch sind die Lohnkosten? Wie qualifiziert sind die Arbeitskräfte?
- Welche strategischen Ziele verfolgt Volkswagen?
- Wie wird sich der jeweilige Standort aus Sicht des Unternehmens weiterentwickeln?

---

[6] Vgl. Volkswagen AG (2010), Internetquelle.

Schließlich werden die Ergebnisse zusammengefasst und es wird ein Fazit gezogen.

1.3 Gliederung der Arbeit

Die vorliegende Arbeit ist eine wissenschaftliche Studie zur Bewertung der strategischen Standortwahl in Schwellenländern, am Fallbeispiel des Unternehmens Volkswagen für die Länder Argentinien, Brasilien und Mexiko.

Die Arbeit beginnt mit der Beschreibung von Kontext und Zielsetzung in Kapitel 1. Danach folgt in Kapitel 2 eine kurze Einführung zur Entwicklung des Welthandels. Ferner werden die Aufgaben und Ziele der internationalen Standortwahl beschrieben und darüber berichtet, wie eine solche Strategie realisiert werden kann.

Kapitel 3 gibt einen kurzen Überblick über das Unternehmen Volkswagen mit einer Auflistung relevanter Daten und Fakten. Des Weiteren werden aktuelle Trends wie Globalisierung, Kostendruck und Kundenbindung beschrieben. Abgeschlossen wird das Kapitel mit dem Unterkapitel „Nachhaltigkeit und Elektromobilität." Es wird dargestellt, welchen Einfluss die alternativen Antriebstechnologien auf die Wahl des Standortes haben und wie Volkswagen mit dem Thema Elektromobilität für die Zukunft umgeht.

Darauf aufbauend befasst sich Kapitel 4 mit den Markteigenschaften der Schwellenländer Argentinien, Brasilien und Mexiko. Es wird die aktuelle Wirtschaftssituation definiert und das Wachstum des jeweiligen Marktes untersucht. Ökonomische Daten wie der Import- und Exportanteil der Länder, Kaufkraft, sowie Auswirkungen von Freihandelsabkommen auf die Marktwirtschaft werden analysiert. Zum Ende des Kapitels 4 werden die Möglichkeiten und Risiken, bzw. die Vor- und Nachteile des jeweiligen Standortes beschrieben.

Im entscheidenden Kapitel 5 wird die Rolle von Volkswagen auf den einzelnen Wirtschaftsmärkten diskutiert. Es wird untersucht über welches Absatzpotenzial VW verfügt, ob politische Auflagen bestehen und welchen Einfluss die Steuerpolitik hat. Außerdem wird analysiert, über welche Infrastruktur das jeweilige Land verfügt. Ein weiterer Punkt sind die Personalkosten, die Volkswagen als Arbeitgeber am jeweiligen Standort zu tragen hat sowie die Verfügbarkeit von qualifizierten Arbeitskräften. In den folgenden Unterkapiteln werden die strategischen Ziele Volkswagens beschrieben. Ferner wird ein Ausblick auf die zukünftige ökonomische Entwicklung des jeweiligen Standortes gegeben.

Im letzten Kapitel 6 erfolgt eine zusammenfassende Schlussbetrachtung.

Anmerkung:

Bei Drucklegung dieser Studie lagen noch keinen exakten Daten für das Jahr 2013 vor.

2. Grundlagen der strategischen Standortwahl

Dieses Kapitel gibt eine Einführung in die internationale strategische Standortwahl. Dabei werden die Entwicklungen des Welthandels-, sowie die Aufgaben und Ziele der internationalen Standortwahl beschrieben. Auch die Realisierung einer solchen Strategie wird erklärt.

2.1 Entwicklung des Welthandels

Der Welthandel ist definiert als die Gesamtheit des Außenhandels aller Staaten weltweit. Alle Güter, bei deren Ausfuhr und Einfuhr die Staatsgrenzen passiert werden, sind statistischer Bestandteil des Welthandels.[7]
Die Entwicklung des Welthandels lässt sich heute unter den Begriff „Globalisierung" zusammenfassen. Globalisierung wird als strategisch grenzüberschreitende Unternehmung (globale Unternehmung) bezeichnet, bei der Wettbewerbsvorteile weltweit mittels Ausnutzung von Standortvorteilen (internationale Standortpolitik) und Erreichung von Kostenersparnissen (Economies of Scale) erzielt werden sollen.[8]
Im 20. Jahrhundert hat sich der Welthandel vom Jahr 1950 bis zum Jahr 2000 rasant entwickelt. Wie in Abbildung 1 veranschaulicht, wurde im Jahr 2000 ein gehandelter Warenwert von 6.513 Mrd. USD statistisch ermittelt. Dies entspricht einer mehr als hundert Mal so hohen Summe, wie noch im Jahr 1950. Damals waren es mit einem Wert von 58,2 Mrd. USD.

---

[7] Gabler Lexikon (2013), Internetquelle.
[8] Gabler Lexikon (2013a), Internetquelle.

Abbildung 1: Entwicklung des Welthandels von 1950 bis 2000

Entwicklung des Welthandels 1950–2000

Jahr	Import					Export				
	Welt	Amerika	Europa	Afrika	Asien	Welt	Amerika	Europa	Afrika	Asien
	Mrd. US-$	In Prozent*				Mrd. US-$	In Prozent*			
1950	58,2	33,3	43,1	7,1	12,8	55,3	36,9	37,1	6,7	15,2
1960	119,6	27,5	47,9	6,8	14,7	113,7	32,0	45,5	5,6	14,3
1970	327,5	23,1	55,8	4,4	14,5	312,8	24,5	53,9	4,7	14,9
1980	2 055,3	21,0	52,5	4,6	20,3	1 997,8	19,2	48,3	5,9	25,2
1990	3 604,0	20,4	51,8	2,7	23,4	3 494,0	18,0	51,1	2,9	26,6
2000	6 513,0	27,4	40,6	1,9	28,6	6 313,0	21,0	42,3	1,9	33,6

* Rest zu 100 Prozent: Australien und Ozeanien
Quellen: Statistisches Bundesamt; Jahrbücher 1967, 1973, 1989, 2003 © OMNIA

[9]

Geprägt von einer zunehmenden Internationalisierung durch gemeinsame Marktabkommen ist der derzeitige Welthandel ökonomisch und politisch mehr vernetzt denn je. Das 1947 in Genf unterzeichnete GATT (General Agreement on Tariffs and Trade) hatte das Ziel, den Welthandel nach dem Zweiten Weltkrieg neu zu ordnen und die bestehenden Handelsschranken durch die schrittweise Aufhebung von Zöllen und sonstigen Hemmnissen abzubauen. Entscheidend für die Liberalisierungsbemühungen waren vor allem die Kennedy-Runde (1964-1967) und die darauf folgende Tokio-Runde (1973-1979), sowie die Uruguay-Runde (1986-1994). Diese GATT-Verhandlungsrunden führten zu erheblichen Zollsenkungen und verhalfen dem Prinzip der marktwirtschaftlichen Liberalisierung und der Steigerung des Welthandels zum Durchbruch.[10]

Das GATT wurde im Jahr 1995 von der neu gegründeten WTO (World Trade Organisation) abgelöst. Das Abkommen, welches die Regeln für den internationalen Handel formuliert, blieb als ein wichtiges Vertragswerk der WTO bestehen und wird seitdem weiterentwickelt.[11] Weitere Freihandelszonen und gemeinsame Märkte wie z.B. NAFTA, MERCOSUR, AFTA etc. sollen die Märkte weiter liberalisieren und den bestehenden Welthandel fördern.

---

[9] Abbildung 1 aus Omnia Verlag (2013).
[10] Vgl. Omnia Verlag (2013), Internetquelle.
[11] Vgl. BMZ (2013), Internetquelle.

2.2 Aufgaben und Ziele der internationalen Standortwahl

Um in der globalisierten Welt den optimalen Unternehmenserfolg zu erzielen, erschließen Unternehmen neue Märkte, wodurch Kostenvorteile realisiert werden. Gründe für eine grenzüberschreitende Investition ins Ausland sind die (günstige) Beschaffung von Zulieferteilen, von hochqualifiziertem Fachwissen und die Vermeidung unternehmerischer Risiken, wie etwa Wechselkursschwankungen. Diese sekundären Motive spielen bei grenzüberschreitenden Investitionsentscheidungen eine wichtige Rolle in Verbindung mit einem der Hauptmotive der Gewinnmaximierung. Bei einer Markterschließung im Ausland ohne betriebseigene Produktion vor Ort, ist es schwierig, mit den Produkten den Erfordernissen im Zielland gerecht zu werden. Der Grund dafür sind zum einen die transaktionalen Kosten, die die Produkte teurer machen. Zum anderen ist die Anpassungsfähigkeit der Kosten nicht flexibel genug. Ferner ist der Image- und Vertrauensgewinn beim Kunden durch die Fertigung „vor Ort" ein weiteres wichtiges Argument. Ein anderer Anreiz ist der Wegfall staatlicher Regulierungen, denen Importprodukte ausgesetzt sind.[12] Das Potenzial einer Kostenersparnis beim Aufbau einer Produktion in Schwellenländern ist groß. Die Standortwahl wird gemessen an den Einflussfaktoren, die je nach Unternehmen unterschiedlich ist bewertet. Hauptmerkmal ist die Berechnung von Herstellungs- und transaktionalen Kosten für die gesamte produktive Wertschöpfungskette. Mit einer Globalisierung der Produktion von Produktionsnetzwerken, konnten viele Unternehmen Kostenvorteile erzielen und den Wettbewerbsdruck mindern. Großes Einsparpotenzial bieten vor allem niedrigere Faktor- und Materialkosten, insbesondere Lohn- und Energiekosten, sowie auch Einsparungen bei Investitionsaufwendungen durch Subventionen und Steuervergünstigungen.[13]

Zugang zu lokalen materiellen und immateriellen Ressourcen, sowie die Verringerung von Geschäftsrisiken gelten als sekundäre Motive. Diese beeinflussen in Verbindung mit den Hauptmotiven der Gewinnmaximierung, die Entscheidung für die strategische Standortwahl maßgeblich. Hinter den Begriffen „Ressourcen" und „Geschäftsrisiken" verbergen sich erfolgsrelevante Faktoren bei der Standortwahl. Das sind zum einen die Nähe zu Rohstofflieferanten, dem Branchenschwerpunkt oder Technologieführern, um die Absicherung der Unternehmen gegen Währungs-

---
[12] Abele/Kluge/Näher (2006), S.15 f.
[13] Abele/Kluge/Näher (2006), S.20

schwankungen, Versorgungsengpässe- und Produktionsausfälle zu gewährleisten, aber auch staatliche Sonderkonditionen, wie Ansiedlungshilfe und Steuervergünstigungen.[14] Bei materiellen und immateriellen Ressourcen ist die Risikominimierung ein (weiteres) wichtiges Ziel der internationalen Standortwahl. Durch Diversifikation, d.h. durch die Streuung von Risiken können mögliche Gefahren (soziale Unruhen, Kriege) reduziert werden. Somit kann eine Produktion in verschiedenen Ländern, eine einzelnen Betriebsausfall ausgleichen. Nicht nur hinsichtlich dieser Gefahren ist eine Diversifikation vorteilhaft, sondern auch bei ganz alltäglichen Risiken wie Währungsschwankungen, die existenzbedrohende Auswirkungen haben können.[15]

2.3 Realisierung der strategischen Standortwahl

Der Realisierung einer strategischen Standortwahl gehen verschiedene Phasen des Standortwahlprozesses voraus.[16] Im Standortwahlprozess versucht das Unternehmen, den Standort zu finden, der den unternehmensspezifischen Anforderungen entspricht.[17] Die folgende Abbildung 2 veranschaulicht den Ablauf der internationalen Standortwahl nach Autschbach (1997).

---

[14] Vgl. Abele/Kluge/Näher (2006), S.22.
[15] Vgl. Abele/Kluge/Näher (2006), S.24 f.
[16] Vgl. Autschbach (1997), S.193.
[17] Vgl. Knoblauch (1981), S.60 sowie Seidel (1977), S.122.

Abbildung 2: Phasen der internationalen Standortwahl

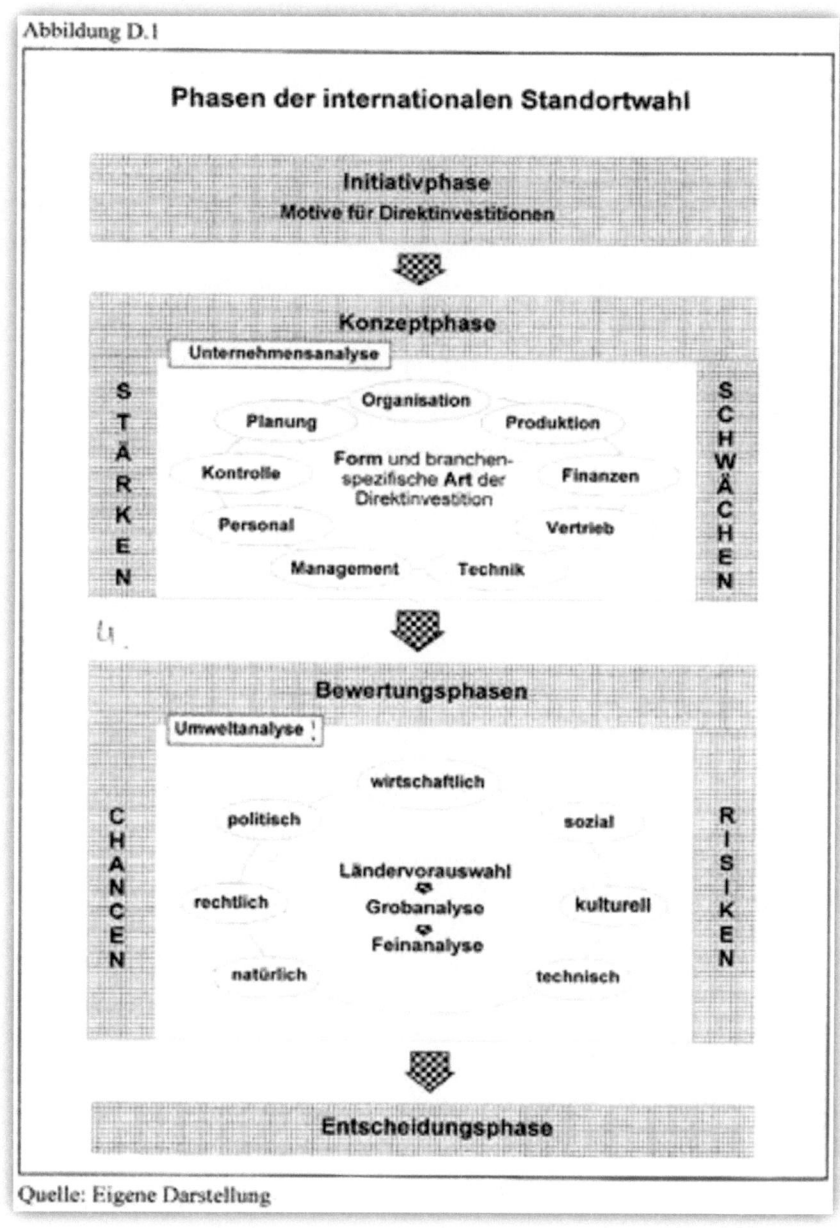

[18] Abbildung 2 aus Autschbach (1997), S.194.

Der Standortwahlprozess verläuft projektabhängig mit unterschiedlichen Schwerpunkten. Eine Durchführung wie im dargestellten Muster ist nicht zwingend notwendig. Allerdings ist es erforderlich, dass alle Entscheidungs-phasen des internationalen Standortauswahlverfahrens integriert werden.[19] Eingeleitet wird der Standortentscheidungsprozess durch die unternehmensintern oder -extern begründete Initiativphase. In der darauffolgenden Konzeptphase bestimmt das Unternehmen die strategische Funktion des potenziellen internationalen Standortes, sowie die geeignete Form der Direktinvestition.[20] Die anschließenden Bewertungsphasen, dienen der Beurteilung potenzieller Standorte. Wesentliche Merkmale der internationalen Standortwahl in allen diesen Phasen sind die Vielzahl der Standortalternativen und -faktoren. Sie erfordern eine Strukturierung der Bewertungsphasen, um einen effizienten Kosten-Nutzen-Faktor, insbesondere hinsichtlich des Zeit- und Kapitaleinsatzes, durch die angewandten Verfahren zu gewährleisten.[21] Die Strukturierung der Bewertungsverfahren wird in folgende drei Phasen unterteilt:

- Länderauswahl
- Grobauswahl
- Feinauswahl

Die Analyseverfahren innerhalb dieser Phasen verlaufen nach demselben Muster:

- Ermittlung der geeigneten Standortfaktoren
- Beschaffung der erforderlichen Informationen
- Bewertung der Faktoren
- Selektion der geeigneten Standortalternativen

Ziel dieser drei Phasen (Länder-, Grob- und Feinauswahl) ist die Auswahl der geeignetsten Standortalternative unter der Nebenbedingung des projektabhängig begrenzten Zeit- und Kapitaleinsatzes. Die Entscheidungsphase ist die abschließende Phase der internationalen Standortwahl.[22]

---

[19] Vgl. Goette (1994), S260-320 sowie die dort angegebene Literatur.
[20] Vgl. Autschbach (1997), S.195.
[21] Vgl. Autschbach (1997), S.221.
[22] Vgl. Autschbach (1997), S.200 f.

2.4 Standortauswahlprozess der Volkswagen AG

Wie in der folgenden Abbildung 3 veranschaulicht, unterteilt sich der Standortwahlprozess von Volkswagen in fünf Stufen. Die Anfangsphase bildet die Initiativphase. Die Initiative entsteht in der Regel unternehmensextern, indem Unternehmens- und Regierungsvertreter eines potentiellen Gastlandes das Unternehmen kontaktieren, um Direktinvestitionen zu diskutieren. Daran schließt sich die Desk-Feasibility an. In dieser Phase eruiert ein Mitarbeiter des Bereiches Konzernplanung, ob ein Engagement in der betreffenden Region möglich ist. Durch den Einsatz leicht verständlicher Bewertungsverfahren, wie Checklisten oder Profilmethode, werden die Investitionsmöglichkeiten anhand weniger Kriterien überprüft. Stellt sich die Region oder das Land in der Desk-Feasibility-Phase als geeignet heraus, folgt die Pre-Feasibility. In dieser Phase beschäftigen sich zwei bis sechs Mitarbeiter, in Abhängigkeit von der Art der Direktinvestition, mit der Standortplanung. Sie haben die Aufgabe Verhandlungsgespräche im Gastland mit möglichen Partnerunternehmen und /-oder öffentlichen Institutionen zu führen. Des Weiteren werden in dieser Phase verschiedene Standortkriterien unter Verwendung von Scoring-Modellen, insbesondere der Nutzwertanalyse, bewertet.

Ziel der Pre-Feasibility ist es herauszufinden, welche der aus der Desk-Feasibility verbliebenen Standorte für die weitere Untersuchung in Frage kommen. In Abhängigkeit von der Form der Direktinvestition werden sämtliche betroffenen Unternehmensbereiche in die Erstellung der Feasibility-Studie mit jeweils ein bis zwei Mitarbeitern einbezogen. Die Studie kann bspw. folgende Untersuchungsschwerpunkte enthalten:

- Zielsetzung
- wirtschaftliche und politische Rahmenbedingungen (Konkurrenzvergleich)
- Bedarfs- und Absatzplanung
- Produktionsplanung
- Investitions- und Finanzierungsplanung
- Beschaffungsplanung und Logistik
- Ertragsplanung

Die erforderlichen Untersuchungen erfolgen unter Verwendung der Portfoliomethode sowie investitionstheoretischer Bewertungsverfahren. Ziel ist die Präsentation des potenziellen Standortes. In der letzten fünften Phase trifft der Unternehmensvorstand die Direktinvestitionsentscheidung.[23]

Abbildung 3: Standortwahlprozess der Volkswagen AG nach Autschbach (1997)

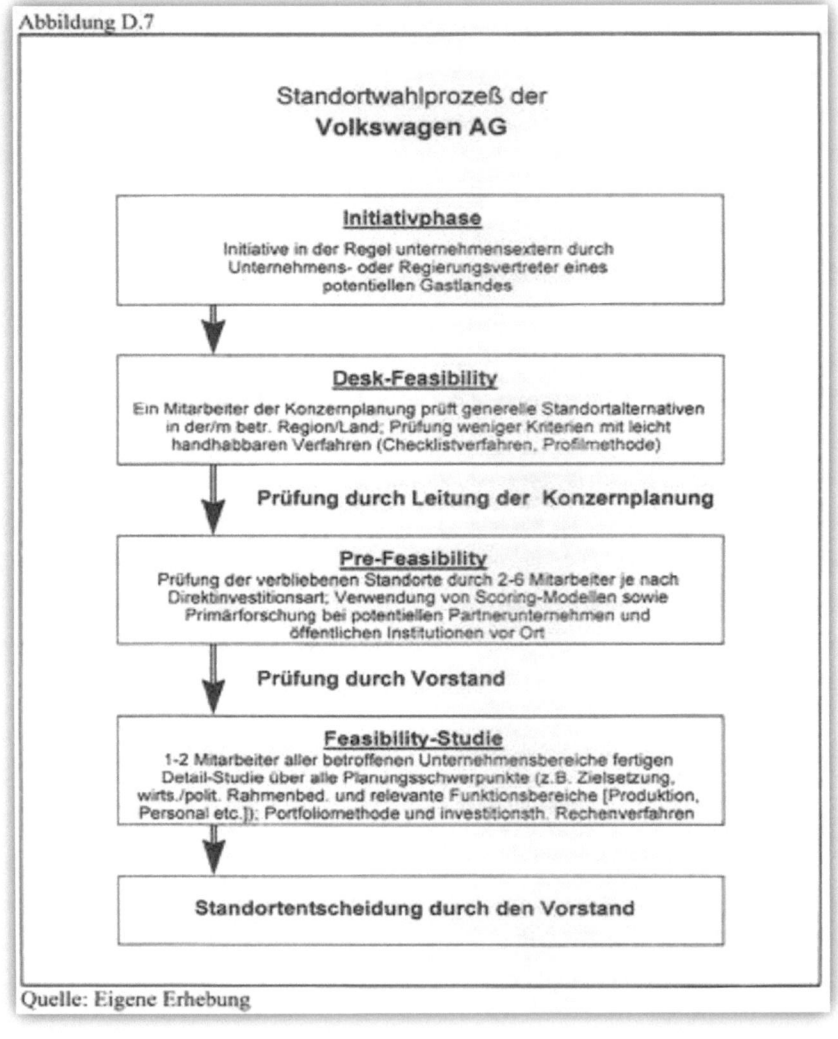

---

[23] Autschbach (1997), S.217 f.
[24] Abbildung 3 aus Autschbach (1997), S.219.

3. Volkswagen

In diesem Kapitel soll die Unternehmensentwicklung beschrieben und anhand von aktuellem Datenmaterial der Volkswagen AG veranschaulicht werden. Explizit werden die aktuellen Trends der Globalisierung, wie Preis- und Kostendruck, Kooperationen und Fusionen sowie CRM (Customer Relationship Management) vorgestellt. Abgeschlossen wird das Kapitel mit dem Unterkapitel „Zukunftsvisionen und Nachhaltigkeit." Hierbei wird darauf eingegangen, welchen Einfluss die alternativen Antriebstechnologien auf die Wahl des Standortes haben und wie Volkswagen mit dem Thema Elektromobilität für die Zukunft umgeht.

3.1 Unternehmensentwicklung

Die Entwicklung des Volkswagen-Konzerns, ist in seiner Geschichte durch ein kontinuierliches Wachstum gekennzeichnet. Durch die Übernahme von mehreren Fahrzeugherstellern, wie Skoda, Seat oder Bentley, ist es Volkswagen gelungen, gemeinsam mit der Tochter Audi zum größten europäischen Automobilkonzern aufzusteigen.[25] Der VW-Konzern kann dadurch weitreichende Geschäftsfelder abdecken und die unterschiedlichen Kundenbedürfnisse zufriedenstellen. Des Weiteren konnte sich der VW-Konzern mit der Gründung der Gesellschaft „Volkswagen Financial Services" ein weiteres Standbein aufbauen und somit Finanzdienstleistungen direkt für seine Klientel anbieten.

In Abbildung 4 ist das Organigramm des VW-Konzerns dargestellt. Unter die Finanzdienstleistungen fallen Händler- und Kundenfinanzierung, das Leasing, das Bank- und Versicherungsgeschäft sowie das Flottenmanagement-geschäft.[26] Die Finanzdienstleistungen des VW-Konzerns erwirtschafteten im Geschäftsjahr 2012 einen Umsatzerlös in Höhe von 17,9 Mrd. € und stiegen somit um 12,8% im Vergleich zum Jahr 2011. Somit leisteten die Volkswagen Financial Services einen signifikanten Beitrag zur Umsatzentwicklung 2012.[27]

---

[25] Vgl. Alff (2007), S.78
[26] Vgl. Volkswagen AG (2007), Internetquelle.
[27] Vgl. Volkswagen (2012), S.128 sowie detaillierte Angaben im Anhang 4

Abbildung 4: Organigramm des VW-Konzerns

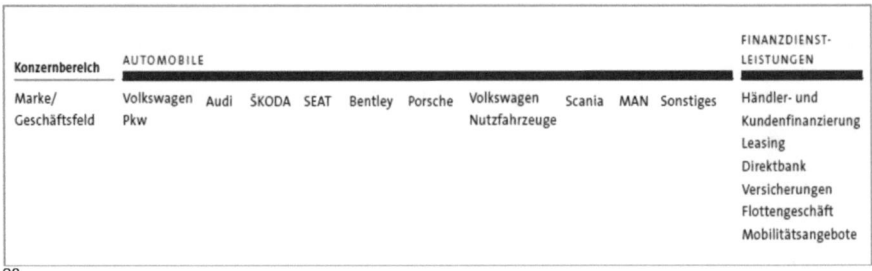

[28]

Das Geschäftsjahr 2012 verlief besonders erfolgreich für den VW-Konzern. Wie in Abbildung 5 zu sehen konnte man die Umsatzerlöse im Vergleich zum Vorjahr um 20,9% auf 192,7 Mrd. € (Zahl auf eine Nachkommastelle gerundet) steigern. Auch der weltweite Absatz von Fahrzeugen entwickelte sich positiv. Im Geschäftsjahr 2012 stieg dieser im Vergleich zum Vorjahr um 11,8 % auf 9,3 Mio. Fahrzeuge an. [29]

Abbildung 5: Umsatzentwicklung der Volkswagen AG

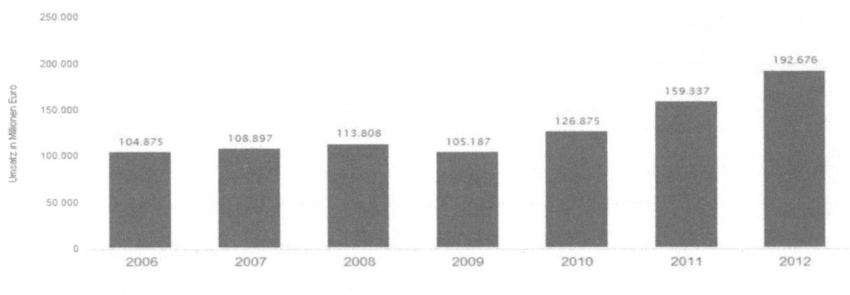

[30]

---

[28] Abbildung 4 aus Volkswagen (2012), S.104
[29] Vgl. Statista (2013), Internetquelle.
[30] Abbildung 5 aus Statista (2013).

In der Darstellung 6 sind die weltweiten Absätze und Umsätze jeweils nach Regionen unterteilt. Der nordamerikanische Markt entwickelte sich am besten mit einem Fahrzeugabsatz von 0,9 Mio. Einheiten und dem höchsten Absatzzuwachs der beteiligten Märkte von 32,2%. Die Hauptgründe für das bessere Abschneiden als der Gesamtmarkt waren Volumenverbesserungen, die Integration von Porsche und günstigere Wechselkurse, die einen enormen Umsatzzuwachs von 42,7% auf 25,0 Mrd. € zur Folge hatten. In der Region Südamerika konnte ebenfalls eine Absatzsteigerung von 13,9% auf 1,1 Mio. Fahrzeuge im Vergleich zum Vorjahr erzielt werden. Daraus resultierend stiegen die Umsatzerlöse um 22,8% auf 18,3 Mrd. € im Vergleich zum Geschäftsjahr 2011. Des Weiteren wurde auf dem Asien-Pazifik-Markt eine Absatzsteigerung von 19,5% auf 3,2 Mio. Fahrzeugeinheiten gegenüber 2011 erzielt. Die Umsatzerlöse legten überproportional um 47,7% auf 33,9 Mrd. € zu. Dies ist auf positive Mix- und Wechselkurseffekte zurückzuführen.[31]

Abbildung 6: Weltweiter Absatz des VW-Konzerns nach Regionen

WESENTLICHE ZAHLEN NACH MÄRKTEN

Tsd. Fahrzeuge/Mio. €	ABSATZ[1]		UMSATZERLÖSE	
	2012	2011	2012	2011
Europa/Übrige Märkte	4.179	4.066	115.384	103.890
Nordamerika	896	678	25.046	17.553
Südamerika	1.075	943	18.311	14.910
Asien-Pazifik[2]	3.194	2.674	33.936	22.983
Volkswagen Konzern[2]	9.345	8.361	192.676	159.337

[32]

3.2 Trends der Globalisierung

3.2.1 Preis- und Kostendruck

Trotz der positiven Unternehmensentwicklung gerät auch der Volkswagen-Konzern in der globalisierten Welt unter einen hohen Kostendruck. Der stagnierende Markt in Westeuropa, verbunden mit den relativ hohen Lohnkosten, sowie die aggressive Konkurrenz aus Fernost, veranlassten VW über neue Optionen nachzudenken. Da-

---
[31] Volkswagen (2012), S.104 f.
[32] Abbildung 6 aus Volkswagen (2012), S.105

raufhin wurde das Kostenmodell „Auto 5000" auf dem Wolfsburger Produktionsgelände entwickelt. Dieses hatte als wesentliche Ziele: Die Senkung der Arbeitskosten, die Fertigung nach dem Prinzip der schlanken Produktion und die aufgabenspezifische arbeitsbegleitende Qualifikation der Mitarbeiter.[33] In der damaligen Standortentscheidung im Jahr 2000 wurde vom VW-Management mit der Gewerkschaft für die Produktionszusage in Wolfsburg, 20% weniger Lohn als im Haustarifvertrag vorgesehen. Darüber hinaus wurde vereinbart, die Stellen nur mit Arbeitslosen zu besetzen.[34] Dies war in der deutschen Automobilbranche ein bisher einmaliges Projekt zur Flexibilisierung der Produktion.[35] Die Einzelheiten des Projekts lassen sich in folgenden Punkten zusammenfassen:

1) *Personalkosten*: Im tariflich vereinbarten Entgeltsystem der Auto 5000 wurde eine Vermeidung leistungsunabhängiger Lohnsteigerungen zugrunde gelegt. Des Weiteren wurden die Entgelte flexibel ausgestaltet und sollten Rahmenbedingungen wie unvorhersehbaren Marktentwicklungen, aggressiver und schwer berechenbarer Konkurrenz sowie einem schnellen Wechsel der Konsumentenbedürfnisse angepasst werden können.[36]

2) *Produktion*: In die Arbeitsorganisation wurde erfolgreich die Teamarbeit eingeführt, d.h. die Fertigung wird von Teams ausgeführt, die über verschiedene Arbeitsplätze hinweg rotieren. Die Teams hatten Entscheidungsbefugnisse bei operativen Aufgaben wie Produktionssteuerung und Absatzplanung, wie auch eine hohe Eigenständigkeit bei der Planung von Qualifizierungsmaßnahmen und der Einteilung von Qualifizierungszeitressourcen.

3) *Qualifizierungspolitik*: Grundkriterium war die Auswahl von Arbeitslosen aus fachfremden Bereichen, die Leistungsbereitschaft und Lernfähigkeit mitbrachten. Ziel war die Qualifizierung der Beschäftigten zu Fachkräften im Automobilbau, mit IHK-Anerkennung. Die Qualifizierungsmaßnahmen konnten jeweils nach speziellen Flexibilitätsbedürfnissen und Arbeitsorganisationen ausgerichtet werden.

Die Kosteneinsparungen unter dem Projekt „Auto 5000" waren für den VW-Konzern aufgrund eines starken Wettbewerbdrucks notwendig geworden. Letztendlich konnte

---

[33] Vgl. Alff (2007), S.85.
[34] Vgl. Zeit Online (2006), Internetquelle.
[35] Vgl. Oechsler/ Reichmann/Mitlacher (2003), S.94.
[36] Vgl. Alff (2007), S.85 ff.

der VW-Konzern eine Kosteneinsparung von 3,5 Mrd. € bis zum Jahr 2005 realisieren, ein Ergebnis, das Volkswagen bei einem operativen Ergebnis von 1,7 Mrd. € vor Steuern im selben Jahr vor der Verlustzone bewahrte.[37]

3.2.2 Kooperationen und Fusionen

Bei den viel zitierten Herausforderungen der Globalisierung sind Kooperationen in der Automobilbranche, auch ein Mittel um Risiken zu mindern, Kosten zu senken und flexible Optionen für die Zukunft zu schaffen. Auch Volkswagen nutzte dieses Mittel. Ein Beispiel ist die Kooperation mit dem Konkurrenten Suzuki. Am 09. Dezember 2009 wurden die Verträge über eine strategische Partnerschaft der beiden Konzerne unterschrieben. Als Basis erwarb Volkswagen 19,9% der Suzuki-Aktien und im Gegenzug investierte Suzuki die Hälfte des erhaltenen Kaufpreises in VW-Aktien.[38] Ziel der Kooperation die gemeinsame Entwicklung von Automodellen. Diese sollten verbrauchsarm sein, einen geringen CO_2 Ausstoß haben und als Kleinfahrzeuge (unterhalb des Polos) angesiedelt sein. Vertrieben werden sollten die Modelle in den Emerging Markets, d.h. in den aufstrebenden Märkten von Schwellenländern. VW entschied sich für die Kooperation mit Suzuki, weil sich die Kernkompetenzen gut ergänzten und in der weltweiten Automobilindustrie ein nachhaltiger Trend zu Kleinfahrzeugen vermutet wurde.[39] Im September 2011 kündigte überraschend Konzern-Chef Osamu Suzuki wegen Differenzen um den Kauf von Dieselmotoren, die Partnerschaft auf. VW warf Suzuki Vertragsbruch vor, da das Unternehmen Dieselmotoren von einem anderen Hersteller bezogen habe.[40] Auch wenn diese Zusammenarbeit nicht erfolgreich verlief, dachte der VW-Konzern bereits an die Zukunft. Volkswagen kooperiert heute mit verschiedenen Zulieferern (*Byd* – China, *Sanyo* und *Toshiba* – Japan) zur gemeinsamen Fertigung von Elektroautos (E-Autos). Volkswagen ist für die Herstellung auf die Lieferung von leistungsfähigen und preisgünstigen Lithium-Ionen-Zellen angewiesen.[41] Im Jahr 2011 gründete VW ein Joint Venture in Peking, China. Volkswagen erhielt die Geschäftslizenz für den Bau eines batteriebetriebenen Autos. Der Wagen soll unter den Namen Kaili mit dem chinesischen Part-

---

[37] Vgl. Alff (2007), S.88
[38] Vgl. Volkswagen AG (2009), Internetquelle.
[39] Vgl. autogramm (2010), Internetquelle.
[40] Vgl. Zeit Online (2011), Internetquelle.
[41] Vgl. Auto, Motor und Sport (2010), Internetquelle.

ner FAW produziert werden und im Jahr 2013/2014 auf den Markt kommen.[42] Auch in Südamerika ist VW tätig und kooperiert mit der Universität Tecnológica Nacional am VW-Standort Pacheco in Argentinien. Von den 2,5 Mio. USD Fördergeld VWs wurden die Studiengänge Ingenieurswissenschaften und Technik eingerichtet und darüber hinaus ein neues wissenschaftliches Zentrum für Mobilitätsthemen entwickelt.[43]

Eine Fusion hingegen wird definiert als Zusammenschluss zweier selbstständiger Unternehmen zu einem rechtlich und wirtschaftlich einheitlichen Unternehmen zur Realisierung strategischer Ziele.[44] Die Erreichung der konkreten Ziele wird als Hauptkriterium für den Erfolg einer Fusion gesehen.[45] Ein Beispiel hierfür stellte für den Volkswagen-Konzern sicherlich die Fusion mit der Porsche SE (PSE) dar. Volkswagen übernahm den Sportwagenhersteller zum 01. August 2012 – zwei Jahre früher als geplant. VW zahlte für den fehlenden Aktienanteil von 50,1% einen Betrag von 4,46 Mrd. EUR an Porsche SE (Dachgesellschaft von Porsche). Parallel wurde eine VW-Stammaktie an Porsche übertragen aus steuerrechtlichen Gründen.[46] Aufgrund einer Lücke im Umwandlungsgesetz galt die Fusion mit dem VW-Konzern nicht mehr als Verkauf, sondern als Umstrukturierung und somit mussten keine Steuern an die Finanzbehörden abgeführt werden.[47] Eine vorher geplante Fusion scheiterte wegen Schadensersatzforderungen von Investoren in Milliardenhöhe gegen die Porsche-Holding.[48]

3.2.3 Customer Relationship Management (CRM)

Der langfristige Erfolg eines Unternehmens drückt sich in einer hohen Kundenzufriedenheit und einem guten Kundenservice aus. Unter CRM ist ein strategischer Ansatz zur vollständigen Planung, Steuerung und Durchführung aller interaktiven Prozesse mit den Kunden zu verstehen.[49]

Nach Preißner ist die Anfangsphase eines Kundenlebenszyklus gekennzeichnet durch die „Selektion" und „Akquisition" von potenziellen Neukunden. Hier werden

---

[42] Vgl. Spiegel Online (2011), Internetquelle.
[43] Vgl. automotive IT (2010), Internetquelle.
[44] Vgl. Gabler Lexikon (2013a), Internetquelle.
[45] Vgl. Berthold (2005), S.86.
[46] Vgl. Handelsblatt (2012), Internetquelle.
[47] Vgl. TAZ (2012), Internetquelle.
[48] Vgl. Wirtschaftswoche (2012), Internetquelle.
[49] Vgl. Gabler Lexikon (2013b), Internetquelle.

keine nennenswerten Umsätze erzielt, sondern die ersten Beziehungen und das Kundenvertrauen aufgebaut sowie der Markt analysiert. Die folgende „Kundenbindungsphase" ist die profitabelste und gleichzeitig die schwierigste Phase, in der die höchsten Umsätze erwirtschaftet werden. Das Ziel in dieser Phase ist das nötige Vertrauen zum Kunden zu entwickeln und ihn schließlich zu überzeugen. Betriebswirtschaftliche Instrumente hierbei sind Bedarfsanalysen und Testkäufe. Später folgt das Umsatzwachstum. Die profitabelste Phase. Hier sollte die Kundenzufriedenheit stabilisiert und das Potenzial für eine Intensivierung genutzt werden. Schließlich kommt es zu einem Rückgang des Umsatzes durch bspw. Schlechtleistungen oder Lieferausfälle. Das wichtigste ist die Abwanderung zu erkennen und geeignete Konzepte zur Rückgewinnung zu entwickeln. Bei einer dauerhaft nicht ertragreichen Kundenbeziehung, ist es sinnvoll, diese zur Vermeidung von Imageschäden zu beenden.[50]

Wie in dem Literaturbeispiel beschrieben ist auch die Volkswagen AG an positiven und stabilen Kundenbeziehungen interessiert. Im Februar 2012 ließ der VW-Konzern sein Customer Relationship Management mithilfe eines neu ausgerichteten SAP-Informatiksystems umbauen. Dies wurde nötig um im Bereich Social Media, d.h. im Bereich der sozialen Netzwerke, die Kundenbindungen stärker forcieren zu können. Die Ausgaben für das Investitionsprojekt betrugen 800 Mio. €.[51] Für die Tochtergesellschaft Volkswagen Financial Services AG wurde 2003 die SAP-Plattform NetWeaver eingerichtet. Das Informatiksystem ist zugeschnitten auf die Kundenbetreuung und -beratung im Bereich Finanzierung und Versicherung. Um die Kundenzufriedenheit zu steigern und stabile Kundenbeziehungen aufzubauen, wurde das IT-System reorganisiert. Eine integrierte Plattform mit ganzheitlicher Sicht auf die Kundendaten, bewirkte ein effektiveres Kundenbeziehungsmanagement.[52]

---

[50] Vgl. Preißner (2009), S.144 ff.
[51] Vgl. SAP (2012), Internetquelle.
[52] Vgl. SAP (2005), Internetquelle.

3.3 Zukunftsvisionen und Nachhaltigkeit

„Nachhaltigkeit heißt, Verantwortung zu übernehmen und das unternehmerische Handeln entlang der gesamten Wertschöpfungskette unter ökonomischen, ökologischen und sozialen Aspekten zu hinterfragen, zu analysieren und zu optimieren." (Volkswagen AG, 2013)[53]

Im Zusammenhang mit der Reduktion von Treibhausgasen und dem Ziel, langfristig zum ökologisch und ökonomisch führenden Unternehmen weltweit zu werden, investiert Volkswagen jährlich 8 Mrd. € in neue Modelle und nachhaltige Kraftstoff- und Antriebstechnologien.[54] Die Tatsache, dass Volkswagen bis zum Jahr 2020 ein CO2-Ziel von 95 g/km erreichen möchte, zeigt, wie ehrgeizig der Automobilkonzern, das Ziel, zum ökologisch führenden Automobilhersteller weltweit zu werden, verfolgt.[55] Mit dem Projekt ThinkBlue möchte Volkswagen bis zum Jahr 2018 die Fertigung ökologischer gestalten und alle Konzernstandorte um 25% umweltfreundlicher machen. Um das zu erreichen, investierte der VW-Konzern 600 Mio. € in die Gewinnung regenerativer Energien (Sonnen-, Wind- und Wasserkraft).[56] Die ambitionierten Ziele Volkswagens machen sich bei den innovativen Autotechnologien bemerkbar. Die steuerliche Begünstigung von Gaspreisen bis zum Jahr 2018, macht sich Volkswagen zu nutze. Unter dem Motto „Eco-Fuel – Technologie der Zukunft", entwickelte Volkswagen Fahrzeuge mit Erdgasantrieb wie den Passat TSI EcoFuel oder den Touran TSI EcoFuel. Mit diesen Erdgas-Triebwerken werden 80% weniger Kohlenmonoxid und Stickoxide ausgestoßen, und der CO2-Ausstoß um 23% auf 129 g/km reduziert.[57] Auch in der Elektromobilität macht Volkswagen technische Fortschritte und entwickelte mit dem VW E-Up den elektrischen Golf für den chinesischen Markt. Lt. Aussage des Vorstandsvorsitzenden Prof. Dr. Martin Winterkorn ist das Ziel *„bis 2018 auch Marktführer im Elektrobereich zu sein."*[58]

---

[53] Zit. aus Volkswagen AG (2013), Nachhaltigkeit und Verantwortung.
[54] Vgl. Rotter/Erggelet, (2010), Internetquelle.
[55] Vgl. Volkswagen (2012), S.23, Internetquelle.
[56] Vgl. Volkswagen (2012), S.38, Internetquelle.
[57] Vgl. Volkswagen (2013a), Internetquelle.
[58] Vgl. Volkswagen (2013b), Internetquelle.

4. Wirtschaftsstandorte in Schwellenländern

In diesem Kapitel 4 sollen die Markteigenschaften der Schwellenländer Argentinien, Brasilien und Mexiko analysiert werden. Es wird die aktuelle Wirtschaftssituation definiert und das Kundenpotenzial in diesen Märkten untersucht. Ökonomische Daten wie die Außenhandelsentwicklung und Kaufkraft des jeweiligen Landes werden erläutert. Ferner wird der Einfluss von Freihandelsabkommen auf die Marktwirtschaft analysiert. Am Ende des Kapitels, werden die Möglichkeiten und Risiken, bzw. die Vor- und Nachteile des jeweiligen Standortes beschreiben.

4.1 Argentinien: Wirtschaftsdaten und -fakten

Abbildung 7: Wirtschaftsdaten Argentinien

Wirtschaftsdaten kompakt: Argentinien
Stand: November 2013

Basisdaten		
Fläche		2.780.400 qkm
Einwohner		2013: 41,5 Millionen*
Bevölkerungsdichte		2013: 14,8 Einwohner/qkm*
Bevölkerungswachstum		2013: 1,0%*
Fertilitätsrate		2011: 2,2 Geburten pro Frau
Geburtenrate		2013: 17,1 Geburten/1.000 Einwohner*
Altersstruktur		2013: 0-14 Jahre: 25,1%; 15-24 Jahre: 15,8%; 25-54 Jahre: 38,8%; 55-64 Jahre: 9,1%; 65 Jahre und älter: 11,3%*
Analphabetenquote		2011: 2,1%
Hochschulabsolventen		2010: Abschlüsse insgesamt: 208.964
Geschäftssprache(n)		Spanisch
Rohstoffe	agrarisch	Sonnenblumenkerne, Limonen, Sojabohnen, Trauben, Mais, Tabak, Erdnüsse, Tee, Weizen, Vieh
	mineralisch	Blei, Zink, Zinn, Kupfer, Eisenerz, Mangan, Erdöl, Uran
Mitglied in internationalen Wirtschaftszusammenschlüssen und -abkommen		IWF, Mercosur, UNASUR, Weltbank, WTO, Rahmenabkommen über Zusammenarbeit zwischen EU und Mercosur vom 15.12.95 (in Kraft seit 1.7.99); zu bilateralen Abkommen siehe www.wto.org -> Trade Topics, Regional Trade Agreements, RTA Database, By Country
Währung	Bezeichnung	Argentinischer Peso (arg$) ; 1 arg$ = 100 Centavos
	Kurs (Sep. 2013)	1 Euro = 7,847 arg$; 1 US$ = 5,793 arg$
	Jahresdurchschnitt	2012: 1 Euro = 5,853 arg$; 1 US$ = 4,552 arg$
		2011: 1 Euro = 5,749 arg$; 1 US$ = 4,131 arg$
		2010: 1 Euro = 5,190 arg$; 1 US$ = 3,913 arg$

59

---

[59] Abbildung aus Germany Trade & Invest (2013), Internetquelle.

Argentinien ist mit einer Fläche von 2.780.400 qkm das zweitgrößte Land Lateinamerikas und mit 14,8 Einwohnern pro qkm auch eines der dünnbesiedelsten. Das Land verfügt über eine junge Altersstruktur und eine durchschnittliche Fertilitätsrate.[60] 2012 exportierte Argentinien Güter im Wert von 81,2 Mrd. USD. Unter den Exportgütern befanden sich Agrarprodukte wie Getreide, Öle, Fette, Soja etc. Sie machten 55,3% aller Ausfuhren aus und spielten damit eine wichtige Rolle in der Exportwirtschaft. 2012 betrug der Ausfuhranteil von Industriegütern 34%. Hier dominierten Kfz- und Chemie-produkte.[61] Argentinien ist Mitglied verschiedener internationaler Wirtschafts-organisationen wie WTO, IWF, G-20 etc. Weiterhin ist das Land regionalen Freihandelsabkommen wie MERCOSUR und UNASUR beigetreten.[62]

4.1.1 Marktsituation und -wachstum

Die folgende Abbildung 8 zeigt den Verlauf des BIP-Wachstums von 2003 bis 2013. In den Jahren 2003 bis 2008 lag dieses auf einem konstant hohen Niveau von 6 bis 9%. Im Jahr 2009 stagnierte die Weltwirtschaft aufgrund der Finanzkrise. Argentiniens Wachstum brach auf ein Wachstum von 0,85% ein, konnte sich aber im darauffolgenden Jahr wieder auf 9,16% erholen. Das aktuelle Bruttoinlandsprodukt scheint sich nach einem Einbruch im Jahr 2012 von 8,87% auf 2,59%, für das Jahr 2013 leicht zu verbessern. Nach statistischen Schätzwerten wird ein BIP-Wachstum von ca. 3% kalkuliert. Genaue Zahlen liegen bislang noch nicht vor.[63]

---

[60] Vgl. Germany Trade & Invest (2013), Internetquelle.
[61] Vgl. Auswärtiges Amt (2013), Internetquelle.
[62] Vgl. Germany Trade & Invest (2013), Internetquelle.
[63] Vgl. Statista (2013a), Internetquelle.

Abbildung 8: Wachstum des realen BIP von 2003 bis 2013 in Argentinien

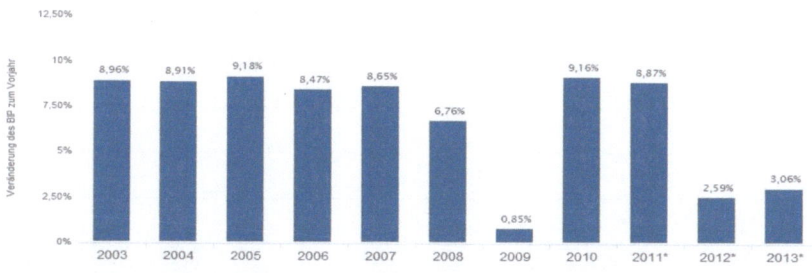

In der Vergangenheit hatte Argentinien mit der Inflation häufig zu kämpfen. Ende der 1990er-Jahre rutschte das Land in eine tiefe Rezession und sowohl der Haushalt, als auch die Handelsbilanz kamen aus dem Gleichgewicht. Anfang 2002 stellte Argentinien die Schuldenzahlungen ein und erklärte sich damit praktisch für zahlungsunfähig. Die 1:1-Bindung zum US-Dollar wurde aufgehoben. Die Inflation stieg enorm und der argentinische Peso verlor massiv an Wert.[65] Die in Abbildung 9 dargestellte Inflationsrate in Argentinien lag im Jahr 2012 bei 9,86%. Für 2013 wird eine Inflationsrate von 9,66% angenommen.[66] Seit 2007 wurden die Inflationsdaten, die vom Instituto Nacional De Estadística Y Censos (INDEC) erfasst werden, unter Regierungsaufsicht gestellt. Die Berechnungsgrundlagen wurden grundlegend geändert und die offiziellen Zahlen von Wirtschaftsinstituten und internationalen Organisationen werden stark angezweifelt. Die Schätzungen der Inflationsrate lagen im Jahr 2011 bei ca. 23%, im Jahr 2012 bei 25,6%. Für das Jahr 2013 wird mit ähnlichen Werten gerechnet.[67] Wie lange die Wirtschaft dieses Inflationsniveau erträgt bleibt fraglich. Durch künstliche Interventionen der Zentralbank bei einem Kurs von 4:1 zum US-Dollar, wird Argentinien für ausländische Investoren, die in Argentinien produzieren

---

[64] Abbildung aus Statista (2013a), Internetquelle.
[65] Vgl. Alex en Argentina (2011), Internetquelle.
[66] Vgl. Statista (2013b), Internetquelle.
[67] Vgl. Auswärtiges Amt (2013), Internetquelle.

möchten, immer teurer.[68] Um das Problem der hohen Inflation einzudämmen, hat die argentinische Zentralbank eine nominale Abwertung zugelassen, die 2014 weiter steigern dürfte.[69]

Abbildung 9: Inflationsrate von 2003 bis 2013 in Argentinien

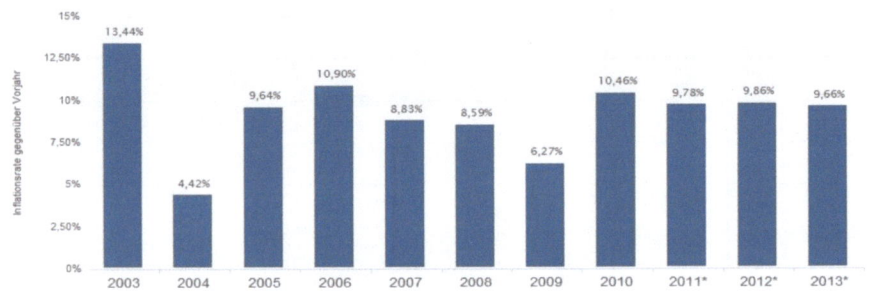

[70]

Die offizielle Arbeitslosenquote lag Ende 2012 bei 6,9%. Sie war gegenüber dem Vorjahr (6,7%) leicht gestiegen. Darüber hinaus werden in den öffentlichen Statistiken weitere 9,7% als unter- oder teilbeschäftigt angegeben. Beide Werte lassen die Empfänger von Sozialleistungen außer Betracht. Trotz der hohen BIP- Wachstumsraten der vergangenen Jahre, wurden die meisten Arbeitsplätze im öffentlichen Dienstsektor geschaffen. Dessen Anteil stieg in den vergangenen zehn Jahren auf über 21%.[71]

---

[68] Vgl. Alex en Argentina (2011), Internetquelle.
[69] Vgl. Germany Trade & Invest (2013bb), Internetquelle.
[70] Vgl. Abbildung aus Statista (2013b), Internetquelle.
[71] Vgl. Auswärtiges Amt (2013), Internetquelle.

4.1.2 Kundenmarkt und Kaufkraft

Die Kaufkraft eines Landes wird definiert nach der Finanzkraft eines potentiellen Käufers. Es wird unterschieden zwischen der Kaufkraft des Geldes, welche die Menge der Güter beschreibt, die man im Austausch gegen eine Geldeinheit erwerben kann, und der Kaufkraft des Lohnes, welche die Menge der Güter beschreibt, die mit einer Lohneinheit gekauft werden können.[72]

Vom CIO Wealth Management des Schweizer Unternehmens UBS wurde für das Jahr 2012 eine ausführliche Studie über einen Lohn- und Preisvergleich weltweit in Auftrag gegeben. Dabei wurde auch ein Kaufkraftvergleich der wirtschaftlich wichtigsten Städte rund um den Globus durchgeführt. Als Bezugsgut wurden der Big Mac und das iPhone 4S (16 GB) untersucht. Der Big Mac wurde ausgewählt, weil er einer der meist verbreiteten und homogensten Güter weltweit ist. Die Studie ergab, dass weltweit eine Arbeitszeit von 28 Minuten aufgewendet werden muss für den Kauf eines Big Mac und damit 9 Minuten weniger im Vergleich zur Studie des Jahres 2009. Beschäftigte in Westeuropa konnten sich im Durchschnitt nach bereits 17 Minuten einen Big Mac leisten, wohin-gegen in Südamerika mit 49 Minuten fast dreimal so viel benötigt wurde. In Buenos Aires, Argentinien lag die Arbeitszeit, die aufgewendet werden musste, bei 45 Minuten und damit über dem weltweiten Durchschnitt. Das iPhone 4S wurde für die Studie ausgewählt, weil es eines der meist-beachteten Produkte der letzten Jahre war. Für Westeuropa wurde hier eine durchschnittliche Arbeitszeit von 48 Stunden errechnet. Dagegen musste in Südamerika eine durchschnittliche Arbeitszeit von mehr als drei Wochen aufgewandt werden, bei einer Annahme von 45 Wochenstunden. Die Stadt Buenos Aires lag mit einem Wert von 187 Arbeitsstunden auf den hinteren Plätzen. Somit stellt das iPhone 4S ein Luxusgut auf dem argentinischen Markt dar.[73]

Was den Volkswagen-Konzern angeht, so expandierte der Kundenmarkt im Kfz-Bereich in den letzten Jahren. So konnte nach aktuellen Zahlen der Asociación De Fabricas De Automotores (ADEFA) wie in Abbildung 10 verdeutlicht, die Produktion von Fahrzeugen in Argentinien gesteigert werden.[74]

---

[72] Vgl. Socialinfo (2013), Internetquelle.
[73] Vgl. UBS (2012), Internetquelle.
[74] Vgl. ADEFA (2013), Internetquelle.

Abbildung 10: Produzierte Pkw in Argentinien im Vergleich Januar-Oktober 2012 (2.Spalte von rechts) zu Januar-Oktober 2013 (3.Spalte von rechts)

TOTAL TERMINALES	78.638	649.057	772.357
. De producción nacional	29.437	280.881	299.177
. Importados	49.201	368.176	473.180
2. IMPORTADOS POR DISTRIBUIDORES Y PARTICULARES (ESTIMADO)			
TOTAL Distribuidores y Particulares	2.720	22.290	27.319
Automóviles	1.400	9.450	14.511
Utilitarios	1.000	10.450	10.208
Categoría A	2.400	19.900	24.719
Transporte de Carga	270	1.545	1.860
Transporte de Pasajeros	50	845	740
Categoría B	320	2.390	2.600
TOTAL	81.358	671.347	799.676

[75]

Wurden von Januar bis Oktober 2012 insgesamt 280.881 Fahrzeuge produziert, so waren es im Zeitraum Januar bis Oktober 2013 bereits 299.177 Fahrzeuge. Das bedeutet ein Plus von 6,5%. Von Januar bis Oktober 2012 lag die Gesamtzahl von produzierten und importierten Fahrzeugen auf dem argentinischen Markt bei 671.347 Einheiten. Im selben Zeitraum 2013 lag die Zahl bei 799.676 Fahrzeugen und damit um 19,1% höher. Volkswagen bestätigt die anhaltende Expansion in Argentinien. So konnte der VW-Konzern von Januar bis Oktober 2013 seinen Fahrzeugabsatz auf dem argentinischen Markt im Vergleich zum Vorjahreszeitraum um 8,10% von 133.152 auf 144.883 Fahrzeuge steigern.[76]

Abbildung 11: Pkw-Absatz in Argentinien im Vergleich von Januar-Oktober 2012 (2.Spalte von rechts) zu Januar-Oktober 2013 (3. Spalte von rechts)

VOLKSWAGEN ARGENTINA S.A.			11.168	133.152	144.883
AUDI			131	5.648	4.298
SEAT			1	2	7
VW			8.824	108.512	117.019
	Automóviles		8.956	114.162	121.324
AUDI			3	0	1.001
VW			2.018	17.661	20.577
	Utilitarios		2.021	17.661	21.578
	Categoría A		10.977	131.823	142.902
VW			178	1.255	1.840
	Transporte de Carga		178	1.255	1.840
VW			13	74	141
	Transporte de Pasajeros		13	74	141
	Categoría B		191	1.329	1.981

[77]

---

[75] Abbildung aus ADEFA (2013), Internetquelle; Die 1. Spalte v. rechts gibt den Zeitraum Okt 2013 an.
[76] Vgl. ADEFA (2013), Internetquelle.
[77] Abbildung aus ADEFA (2013), Internetquelle; Die 1. Spalte v. rechts gibt den Zeitraum Okt 2013 an.

Mit einem geschätzten BIP von 3,06% für 2013 und einem expandierenden Automobilmarkt ist Argentinien gut aufgestellt für die Zukunft. Falls die Hyperinflation von geschätzten 25% eingedämmt werden kann, so werden ausländische Unternehmen Investitionen in den Standort Argentinien als attraktiv sehen.

4.1.3 Import, Export und Freihandelsabkommen

Argentinien ist nach Brasilien und Mexiko der drittstärkste Handelspartner Deutschlands in Lateinamerika.[78] In Abbildung 12 sind die weltweiten Hauptliefer-länder des Jahres 2012 dargestellt. Demnach stammten ca. 5% aller Einfuhren aus Deutschland. Damit ist Deutschland nach Brasilien (26,1%), China (14,5%) und den USA (12,4%), der viertwichtigste Lieferant von Gütern. Den höchsten Güteranteil hatten Maschinen (29,3%), Kfz und Fahrzeugteile (22,9%) sowie chemische Erzeugnisse (18,6%). Deutschland lieferte Waren im Wert von 2,7 Mrd. EUR. Damit blieb der Wert auf dem Vorjahresniveau.[79]

Abbildung 12: Hauptlieferländer Argentiniens 2012

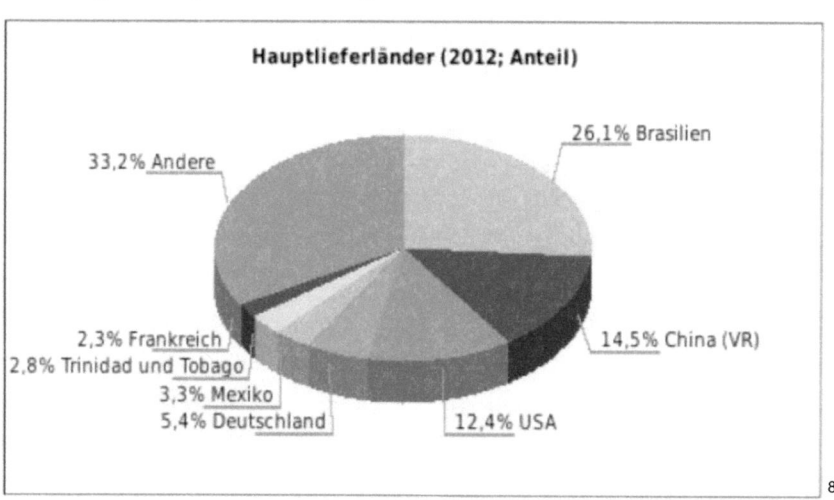

[80]

In Abbildung 13 sind die weltweiten Hauptabnehmerländer Argentiniens des Jahres 2012 dargestellt. Demnach exportierte Argentinien die meisten Güter nach Brasilien (20,4%). Danach folgen mit großem Abstand Chile (6,3%), China (6,2%) und die

---

[78] Vgl. Aussenwirtschaft Austria/IHK Bayern (2013); Internetquelle.
[79] Vgl. Germany Trade & Invest (2013), Internetquelle.
[80] Abbildung aus Germany Trade & Invest (2013), Internetquelle.

USA (5,1%). Deutschland importierte Waren im Wert von 1,9 Mrd. EUR. Im Vergleich zum Vorjahr 2011 (2,3 Mrd. EUR) sind dies 17,4% weniger. Die höchsten Importanteile Deutschlands hatten Nahrungsmittel (36,1%), Rohstoffe (34,1%) sowie Kfz- und Fahrzeugteile (13,2%). Das Handelsvolumen mit Argentinien ging im Jahr 2012 um 10% auf 4,486 Mrd. Euro zurück. Im Jahr 2011 lag das Handelsvolumen noch bei 4,947 Mrd. Euro.[81]

Abbildung 13: Hauptabnehmerländer Argentiniens 2012

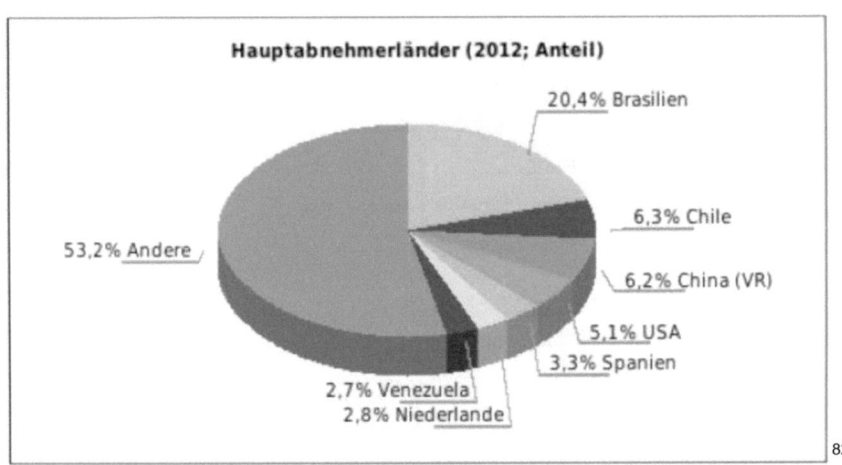

Argentinien ist Mitglied verschiedener internationaler Organisationen wie der World Trade Organisation (WTO), dem Internationalen Währungsfond (IWF), der Unión Naciones Sudamericanas (UNASUR) sowie dem Mercado Común del Sur (MERCOSUR). Der Freihandelsabkommen MERCOSUR wurde im Jahr 1991 durch die Länder Argentinien, Brasilien, Paraguay und Uruguay mit der Unterzeichnung des Vertrages von Asunción gegründet.[83] Die Entwicklung des MERCOSUR kann in verschiedene Phasen eingeteilt werden. Nach Preusse wurde in der ersten Phase in den Jahren 1991-1995 eine stark positive Entwicklung festgestellt und ab dem Jahr 1996 eine beginnende Stagnation.[84] Nach dem stagnierenden Handel innerhalb des MERCOSUR wurde ab 2002 von einer offenen Krise gesprochen. Zurückzuführen ist diese auf die (fundamentalen) Wechselkurssysteme mit Veränderungen der realen

---

[81] Vgl. Auswärtiges Amt (2013a), Internetquelle.
[82] Abbildung 12 aus Germany Trade & Invest (2013), Internetquelle.
[83] Vgl. European Union (2013), Internetquelle.
[84] Vgl. Preusse (2001) S.914 ff. sowie Preusse (2004), S.135 ff.

Wechselkurse.[85] Der Vertrag von Asunción nennt als Ziele des wirtschaftlichen und politischen Integrationsprozesses:

- Die Vergrößerung der Märkte aller Mitgliedsstaaten zur Beschleunigung der wirtschaftlichen Entwicklungsprozesse
- Eine gerechte Integrierung der Mitgliedsstaaten in die internationale Wirtschaft
- Die Förderung der wissenschaftliche und technischen Entwicklung sowie
- Die Herbeiführung einer immer umfassenderen Union zwischen den Ländern.

Die Ziele des Vertrages von Asunción durch die Schaffung eines gemeinsamen Marktes, weisen folgende Eigenschaften auf:

- Der freie Verkehr von Gütern, Dienstleistungen und Produktionsfaktoren zwischen den Mitgliedsstaaten
- Die Einrichtung eines gemeinsamen Außenzolls, Die Festlegung einer gemeinsamen Handelspolitik gegenüber Drittstaaten und die Koordinierung der Positionen in internationalen Wirtschaftsforen
- Die Koordination zwischen makroökonomischen und sektoralen Politiken zwischen den Mitgliedsstaaten (z. B. Agrar- oder Fiskalpolitik) sowie
- Die Zusage der Mitgliedsstaaten ihre Rechtslage zu harmonisieren, um eine Stärkung des Integrationsprozesses zu erreichen.[86]

Aufgrund von fundamentalen Differenzen im Agrarsektor wurde das Abkommen 2004 gekündigt. Trotzdem wurden die politischen Beziehungen weitergeführt und mit dem Abkommen von Lima 2008 wurde beschlossen die Kooperation auf die Gebiete Technik und Wissenschaft, Infrastruktur und erneuerbare Energien auszuweiten. Im Mai 2010 wurde entschieden die Verhandlungen wieder aufzunehmen, die bis heute andauern. Venezuela ist seit Juli 2012 vollwertiges Mitglied und Bolivien befindet sich seit Dezember 2012 im Aufnahmeprozess; während Chile, Kolumbien, Ecuador und Peru assoziierte Länder sind.[87] Im Jahr 2013 waren die großen Mitglieder des MERCOSUR, Argentinien und Brasilien, miteinander zerstritten. Handelsbeschränkungen,

---

[85] Schlageter (2005), S. 30 ff.
[86] Vgl. Wikipedia (2014), Internetquelle.
[87] Vgl. European Union (2013), Internetquelle.

Importverbote und Zölle sind die Hauptstreitpunkte.[88] Uruguays Vizepräsident Daniel Astori beklagt:

> *„Die Zollunion liegt total am Boden und die Freihandelszone funktioniert überhaupt nicht, weil es keinen freien Verkehr von Waren und Dienstleistungen gibt. Der Mercosur ist in einem Zustand der praktischen totalen Handlungsunfähigkeit."* (Deutsche Welle, 2013)[89]

Für die Zukunft werden sich die MERCOSUR Staaten um ein stärkeres Engagement im internationalen Handel bemühen müssen, um wichtige Exportmärkte nicht zu verlieren.

4.1.4 SWOT-Analyse

Zusammenfassend zum Wirtschaftsstandort Argentinien, werden die Möglichkeiten und Risiken, bzw. die Vor- und Nachteile in der unten abgebildeten SWOT-Analyse erläutert.

Abbildung 14: SWOT-Analyse Argentinien

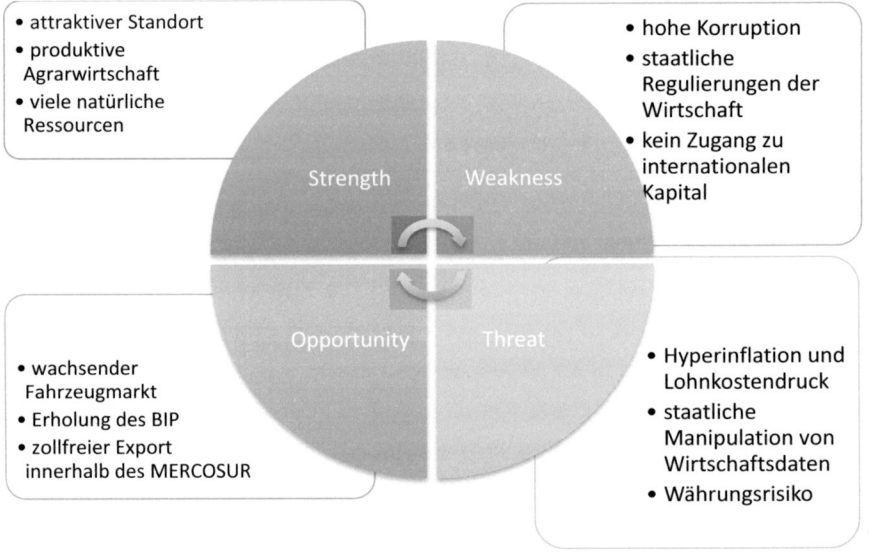

[90]

---

[88] Deutsche Welle (2013), Internetquelle.
[89] Zit. aus Deutsche Welle (2013), Mühen im Mercosur, Internetquelle.
[90] Abbildung 13 aus eigener Darstellung

Argentinien ist das zweitgrößte Land in Lateinamerika und die drittgrößte Wirtschaft dort. Das Land ist ein attraktiver Standort, eingebettet zwischen den wirtschaftsstarken Nachbarländern Brasilien, Chile und Uruguay. Mit seiner reichhaltigen Agrarwirtschaft und seinen vielen Bodenschätzen hat Argentinien auch in Zukunft ein hohes Wachstumspotenzial durch die Rohstoffnachfrage anderer Länder. Ein wachsender Fahrzeugmarkt, die fortlaufende Erholung des BIP und ein zollfreier Export innerhalb des MERCOSUR bieten Möglichkeiten, für ein wirtschaftliches Wachstum. Um dieses Ziel zu erreichen, bedarf es zunächst die hohe Korruption in Politik und Wirtschaft zu bekämpfen. Weiterhin sind die Importbeschränkungen ein Handelshemmnis für Industrieunternehmen. Außerdem sind die Streitpunkte mit Brasilien bzgl. des MERCOSUR-Abkommens störende Faktoren. Dazu kommen die starke Inflation und die staatliche Manipulation eigener Wirtschaftsdaten, die dazu führen, das Argentinien kein frisches Kapital am internationalen Devisenmarkt bekommt. Gerade die Inflation, die auf eine jährliche Rate von ca. 25% geschätzt wird, bedeutet ein hohes Wechselkursrisiko bei Exportgeschäften und wird daher von anderen Staaten kritisch beobachtet. Hinzu kommt, dass Argentinien seinen Export zum großen Teil auf Agrarprodukte beschränkt und somit eine hohe Abhängigkeit davon besteht. Sollte es zu einem Nachfrageeinbruch in diesem Markt kommen, so hätte das verheerende wirtschaftliche Folgen für den Standort Argentinien.

4.2 Brasilien: Wirtschaftsdaten und -fakten

Abbildung 15: Wirtschaftsdaten Brasilien

Wirtschaftsdaten kompakt: Brasilien
Stand: November 2013

Basisdaten		
Fläche		8.514.877 qkm
Einwohner		2013: 199,9 Millionen*
Bevölkerungsdichte		2013: 23,5 Einwohner/qkm*
Bevölkerungswachstum		2013: 0,8%*
Fertilitätsrate		2011: 1,8 Geburten pro Frau
Geburtenrate		2013: 15,0 Geburten/1.000 Einwohner*
Altersstruktur		2013: 0-14 Jahre: 24,2%; 15-24 Jahre: 16,7%; 25-54 Jahre: 43,6%; 55-64 Jahre: 8,2%; 65 Jahre und älter: 7,3%*
Analphabetenquote		2010: 9,6%
Hochschulabsolventen		Abschlüsse insgesamt 2011: 1.072.267
Geschäftssprache(n)		Portugiesisch
Rohstoffe	agrarisch	Kaffee, Sojabohnen, Weizen, Reis, Mais, Zuckerrohr, Kakao, Zitrusfrüchte, Rindfleisch, Holz
	mineralisch	Bauxit, Gold, Eisenerz, Mangan, Nickel, Phosphat, Platin, Zinn, Seltene Erden, Uran, Erdöl
Gas		
Produktion (Mrd. cbm)		2010: 14,4; 2011: 16,7; 2012: 17,4
Reserven (Bill. cbm)		2010: 0,4; 2011: 0,5; 2012: 0,5
Erdöl		
Produktion (Mio. Barrel/Tag)		2010: 2,1; 2011: 2,2; 2012: 2,1
Reserven (Mrd. Barrel)		2010: 14,2; 2011: 15,0; 2012: 15,3
Mitglied in internationalen Wirtschaftszusammenschlüssen und -abkommen		BRICS, IWF, Mercosur, UNASUR, WTO, Rahmenabkommen über Zusammenarbeit zwischen EU und Mercosur vom 15.12.95 (in Kraft seit 1.7.99); zu bilateralen Abkommen siehe www.wto.org -> Trade Topics, Regional Trade Agreements, RTA Database, By Country
Währung	Bezeichnung Kurs (Sep. 2013) Jahresdurchschnitt	Real (R$) ; 1 R$ = 100 Centavos 1 Euro = 3,018 R$; 1 US$ = 2,230 R$ 2012: 1 Euro = 2,528 R$; 1 US$ = 1,955 R$ 2011: 1 Euro = 2,327 R$; 1 US$ = 1,675 R$ 2010: 1 Euro = 2,329 R$; 1 US$ = 1,759 R$

[91]

Das südamerikanische Land Brasilien ist das fünftgrößte Land der Erde mit einer Fläche von 8.514.877 qkm und mit einer Einwohnerzahl von knapp 200 Mio. zugleich auch das bevölkerungsreichste Land Lateinamerikas.[92] Brasilien ist das einzige Land in Lateinamerika, in dem die Amtssprache Portugiesisch ist. Die Währung ist der brasilianische Real (R$). Brasilien ist der größte Exporteur von Soja, Zucker, Rindfleisch, Geflügelfleisch, Kaffee und Fruchtsäften. Auch bei Agrarprodukten wie

---

[91] Abbildung 14 aus Germany Trade & Invest (2013c), Internetquelle.
[92] Vgl. Germany Trade & Invest (2013c), Internetquelle.

Mais, Tabak und Schweinefleisch ist Brasilien einer der führenden Exporteure weltweit. Weitere Hauptprodukte sind Früchte, Kakao, Nüsse und Fischprodukte. Die EU ist mit einem Anteil von 41% wichtigster Abnehmer brasilianischer Agrarprodukte. Eine steigende Nachfrage kommt aus Russland und China. Durch die Agrarwirtschaft erwirtschaftet das Land ein Drittel seines Geldes. Sie repräsentiert 33% des BIP; 42% aller Exporte und 37% aller Arbeitsplätze Brasiliens. Zum Vergleich sind in der EU 5% aller Erwerbstätigen im Agrarsektor beschäftigt.[93] Allerdings ist Brasilien nicht nur reich an Agrarprodukten, sondern besitzt auch Gas- und Erdölvorkommen. Diese sollen im Jahr 2012 bei 0,5 Bill. cbm Gasreserven und 15,1 Mrd. Barrell Erdölreserven gelegen haben.[94] Der staatlich kontrollierte Ölkonzern Petrobas verkündete vor fünf Jahren einen der größten Ölfunde von schätzungsweise 31 Mrd. Barrell. Damit würde Brasilien seine Erdölreserven verdoppeln. Es gibt weitere Schätzungen von 80 Mrd. Barrell Öl, die 7.000 Meter unter dem Meeresspiegel lagern könnten. Die brasilianische Regierung möchte in der Ölindustrie zwei Millionen Arbeitsplätze schaffen und mittelfristig zum führenden Anbieter von Off-Shore-Förderungstechnologie aufsteigen. Um diese Ziele zu erreichen, plant Petrobas mit einem Investitonsbudget von 270 Mrd. USD bis zum Jahr 2020. Es ist weltweit eines der größten Investitionsvorhaben eines einzelnen Konzerns.[95] Am 22. Oktober 2013 wurden die Förderrechte für das Öl, das unter einer dicken Salz- und Gesteinsschicht lagert, erstmals versteigert. Die Unternehmen Shell, Total und zwei weitere chinesische Unternehmen erhielten den Zuschlag. Der brasilianische Ölkonzern Petrobas hält 40% an der 35-jährigen Konzession. Durch den Öl-Anteil, die Gebühren und den Bonus werden von Präsidentin Dilma Rousseff Einnahmen von über 1 Bio. Real (ca. 336 Mrd. EUR) in den nächsten 35 Jahren prognostiziert.[96]

4.2.1 Marktsituation und -wachstum

In Abbildung 16 ist das Marktwachstum der Jahre 2010 bis 2014 (teilweise prognostiziert) von Brasilien veranschaulicht. Das BIP hatte mit einem Anstieg von 7,5% im Jahr 2010 ein enormes Wachstum. Dieser rasante Anstieg brach bis zum Jahr 2012 auf 0,9% ein. Die Wirtschaft Brasiliens stagnierte. Für das Jahr 2013 wird mit einem moderaten BIP-Wachstum (3,0%) kalkuliert, das sich für 2014 (4,0%)

---

[93] Vgl. Terra Brasil (2013), Internetquelle.
[94] Vgl. Germany Trade & Invest (2013c), Internetquelle.
[95] Vgl. Handelsblatt (2012a), Internetquelle.
[96] Vgl. FAZ (2013), Internetquelle.

weiter erhöhen soll.[97] Die schleppende Wirtschaft ist auf veraltete Infrastruktur, bürokratische und rechtliche Hindernisse, den Mangel an qualifizierten Arbeitskräften und hohe Kosten für Strom und Gas zurückzuführen.[98]

Abbildung 16: BIP-Wachstum Brasiliens von 2010 bis 2014 (teils prognostiziert)

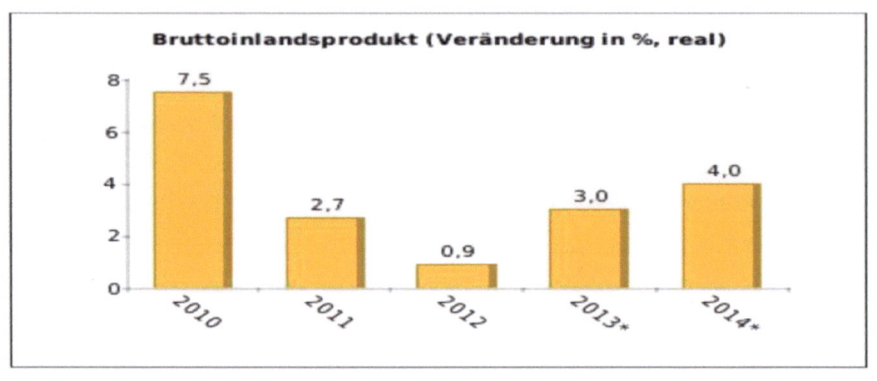

[99]

Wie in Abbildung 17 dargestellt hatte Brasilien über Jahre hinweg mit einer hohen Inflation zu kämpfen. Zwar konnte die brasilianische Regierung 2007 die Inflation auf 3,64% senken, allerdings erhöhte sich das Inflationsniveau im darauffolgenden Jahr 2008 auf 5,68%. 2012 lag die Inflation bei ca. 5%. Für 2013 wird mit einem ähnlichen Wert gerechnet.[100] Um die hohe Inflation zu dämpfen, erhöhte Brasilien zum fünften Mal in Folge den Leitzins. Die Zentralbank (Banco Central do Brasil) erhöhte den sog. Selic-Satz von 9,0 auf 9,5%. Die Realzinsen (Zinsen minus Inflation) sind mit 3,5% die höchsten der Welt. In den vergangenen 12 Monaten lag die Inflation akkumuliert bei 5,86%. Für 2013 stehen weitere Benzinpreis-Erhöhungen an. Analysten rechnen mit einem Leitzinsniveau von 10,0% bis Ende 2013. Konjunkturell dürfte die Zinserhöhung dämpfend wirken.[101]

---

[97] Vgl. Germany Trade & Invest (2013c), Internetquelle.
[98] Vgl. AHK Camara Brasil Alemanha, Internetquelle, s. Anhang
[99] Abbildung aus Germany Trade & Invest (2013c), Internetquelle; 2013 und 2014 sind Prognosewerte.
[100] Vgl. Statista (2013c), Internetquelle.
[101] Vgl. Handelsblatt (2013), Internetquelle.

Abbildung 17: Inflationsrate Brasiliens von 2003 bis 2013 (teils prognostiziert)

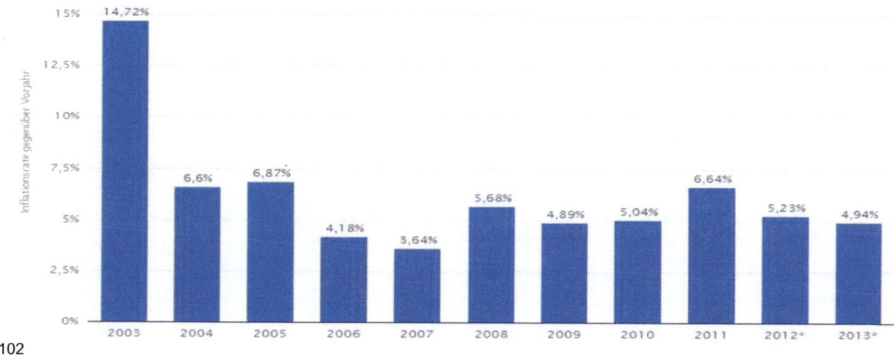

Hohe Investitionen und ein solider Beschäftigungszuwachs kennzeichneten in den vergangenen Jahren das globale wirtschaftspolitische Interesse an Brasilien. Brasilien erlebte einen enormen Beschäftigungszuwachs auf dem formellen Arbeitsmarkt, d. h. vertraglich abgesicherte Beschäftigung. Dort waren 2,2 Mio. Beschäftigte und eine insgesamt niedrige Arbeitslosenquote von 5,8% im Jahr 2011 zu verzeichnen. Im Vergleich zum Vorjahr 2010 (6,0 %) war dies ein leichter Rückgang.[103]

4.2.2 Kundenmarkt und Kaufkraft

Der Konsum bleibt in Brasilien der Wachstumsmotor. Die Ausgaben der privaten Haushalte werden in den nächsten Jahren um 3% steigen. Weiterhin erhält die Kfz-Branche Steueranreize von der brasilianischen Regierung. Der Arbeitsmarkt zeigt sich stabil und Firmen vermeiden Entlassungen, um für die nächste Konjunkturwelle keine Arbeitskräfte zu verlieren. Die Löhne sind ebenso wie die Preise gestiegen. Die Konsumentenschicht wird aus Firmensicht immer wichtiger. Zusätzlich lässt der demografische Bonus den Anteil der arbeitsfähigen Bevölkerung steigen. Bei den Pro-Kopf-Einkommen Brasiliens wird sich die nachgefragte Produktpalette verbreitern und sich der Konsum im Hinterland ausbreiten.[104]

---

[102] Vgl. Abbildung 16 aus Statista (2013c), Internetquelle.
[103] Vgl. Auswärtiges Amt (2013b), Internetquelle.
[104] Vgl. AHK Camara Brasil Alemanha, Internetquelle, s. Anhang

In Abbildung 18 sind die Pkw-Hersteller nach der Anzahl der produzierten Fahrzeuge miteinander verglichen. Die größten Autohersteller auf dem brasilianischen Markt waren Volkswagen mit 719.000 produzierten Fahrzeugen, gefolgt von dem Fiat/Chrysler-Konzern mit 576.000 und General Motors mit 513.000. Renault und Ford waren abgeschlagen auf den Rängen 4 und 5 mit jeweils 209.000 und 206.000 produzierten Fahrzeugen. Die Tochtergesellschaft Volkswagen do Brasil erreichte somit einen Marktanteil von ca. 21,8% und ist somit führender Automobilhersteller in Brasilien.[105]

Abbildung 18: Die größten Fahrzeughersteller Brasiliens 2011

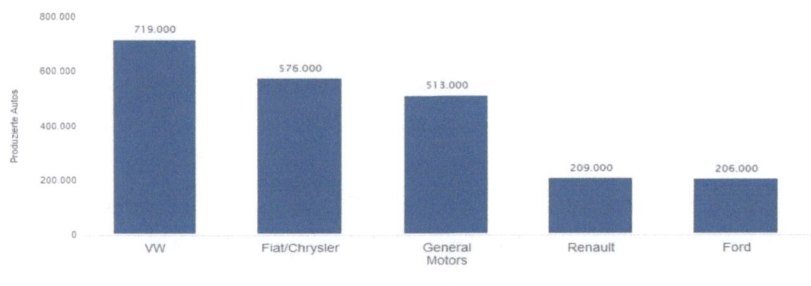

Die weltweite Lohn- und Preisvergleichsstudie 2012 vom CIO Wealth Management der Schweizer Bank UBS zeigte für die brasilianischen Städte Rio de Janeiro und Sao Paulo ein interessantes Ergebnis. In der Big-Mac-Studie mussten in Rio 45 Arbeitsminuten aufgewendet werden, um sich das Produkt zu leisten, während in Sao Paulo 6 Minuten weniger benötigt wurden. Noch deutlicher wird die Studie beim Kauf eines iPhone 4S (16 GB). Die Arbeitnehmer in Sao Paulo mussten im Durchschnitt lediglich 106 Minuten arbeiten, um das Produkt zu erwerben. In Rio de Janeiro waren es 160 Minuten. Das bedeutet eine Mehrarbeitszeit von 54 Minuten, was einen Mehrwert von 33,75% bedeutet.[107] Diese Analyse macht deutlich, wie sehr

---

[105] Vgl. Statista (2013d), Internetquelle.
[106] Vgl. Abbildung 17 aus Statista (2013), Internetquelle.
[107] Vgl. UBS (2012), Internetquelle.

sich die Stadt Sao Paulo vom Rest Brasiliens wirtschaftlich unterscheidet. Allein die Wirtschaftskraft Sao Paulos macht ca. 34% des gesamten BIP des Landes aus und übersteigt aktuell sogar jenes von Argentinien.[108]

4.2.3 Import, Export und Freihandelsabkommen

Brasilien ist das einzige Land Lateinamerikas, das Deutschland mit einer „strategischen Partnerschaft" verbindet. Im Mai 2008 vereinbarten beide Länder eine Zusammenarbeit im bilateralen und multilateralen Bereich; d. h. es wird bei Themen wie Wirtschaft, Energie, Umwelt, Verteidigung, Arbeit, Soziales sowie Menschenrechte miteinander kooperiert.[109] In der Abbildung 19 ist die Außenhandelsentwicklung Brasiliens von 1995 bis 2010 dargestellt. Brasilien hatte demnach im Jahr 2010 Wareneinfuhren im Wert von 180,5 Mrd. USD. Dem standen 197,4 Mrd. USD an Warenausfuhren gegenüber. Somit ergab sich ein Plus von 16,9 Mrd. USD in der Außenhandelsbilanz. Besonders bemerkenswert ist die dynamische Entwicklung von 2005 bis 2010. In diesem Zeitraum verdoppelte sich fast das Handelsvolumen von ca. 192 Mrd. USD auf ca. 378 Mrd. USD. Die häufigsten Einfuhrgüter aus Deutschland im Jahr 2010 waren mit 16,6% Mineralische Brennstoffe, Mineralöle und Mineralölerzeugnisse, Maschinen und mechanische Geräte (15,7%) sowie elektronische Erzeugnisse (12,7%). Den höchsten Anteil an den exportierten Gütern Brasiliens 2010 hatten Erze, Schlacke und Asche (15,6%), mineralische Brennstoffe, Mineralöle und Mineralölerzeugnisse (10,1%) sowie Zucker und Zuckerwaren (6,6%). Das Handelsvolumen mit Deutschland lag im Jahr 2010 bei knapp 20 Mrd. USD. Damit übertrifft Brasilien mit großem Abstand Argentinien (5 Mrd. EUR) und ist stärkster lateinamerikanischer Handelspartner für Deutschland.[110]

---

[108] Vgl. Prutsch, Rodrigues-Moura (2013), S.213 ff.
[109] Vgl. Auswärtiges Amt (2013c), Internetquelle.
[110] Vgl. Statistisches Bundesamt (2011), Internetquelle.

Abbildung 19: Außenhandelsentwicklung Brasiliens 1995 bis 2010

	Einheit	1995	2000	2005	2010
Wareneinfuhr	Mrd. US$	53,7	55,9	73,6	180,5
Warenausfuhr	Mrd. US$	46,5	55,1	118,5	197,4
Außenhandelsbilanz	Mrd. US$	−7,2	−0,8	+44,9	+16,9
↘ Wareneinfuhr aus Deutschland	Mill. US$	5 423	4 428	6 144	11 751
dar. Maschinen und mechanische Geräte	Mill. US$	1 681	1 356	1 811	3 024
Anteil der Wareneinfuhr aus Deutschland	% der Wareneinfuhr insg.	10,1	7,9	8,3	6,5
↘ Warenausfuhr nach Deutschland	Mill. US$	2 158	2 527	5 032	8 080
dar. Erze, Schlacke, Asche	Mill. US$	428	432	807	2 253
Anteil der Warenausfuhr nach Deutschland	% der Warenausfuhr insg.	4,6	4,6	4,2	4,1

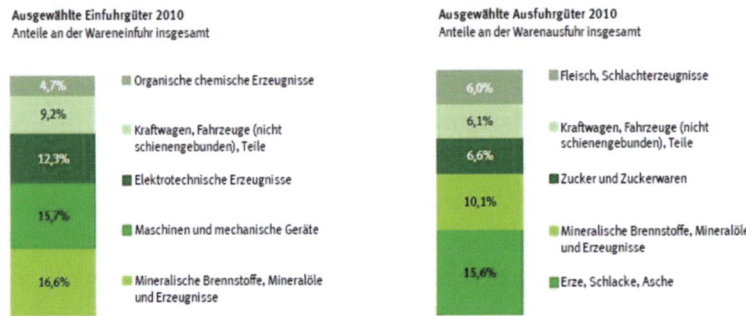

[111]

In Abbildung 20 sind die Hauptlieferländer Brasiliens mit dem weltweiten prozentualen Anteil im Jahr 2012 dargestellt. Der größte europäische Exporteur für Brasilien war Deutschland. Es wurden Waren mit einem Anteil von 6,4% geliefert. Deutschland liegt damit in der weltweiten Rangliste der Hauptlieferländer Brasiliens auf Rang 4 hinter der VR China (15,3%), den USA (14,6%) und Argentinien (7,4%).[112]

---

[111] Vgl. Abbildung aus Statistisches (2011), Internetquelle.
[112] Vgl. Germany Trade & Invest (2013c), Internetquelle.

Abbildung 20: Hauptlieferländer Brasiliens

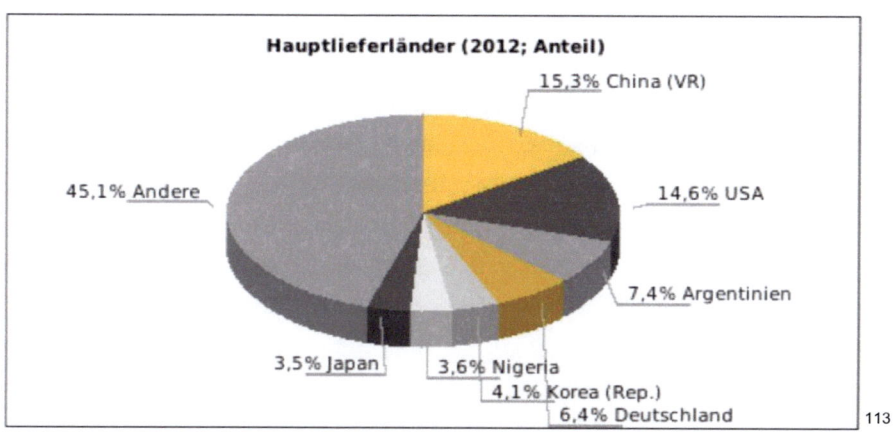

[113]

In Abbildung 21 sind die weltweit größten Abnehmer brasilianischer Güter zu sehen. Demnach waren die weltweit größten Hauptabnehmer von Waren und Dienstleistungen die VR China (17,0%), die USA (11,1%) und Argentinien (7,4%). Somit ist die VR China der wichtigste Handelspartner weltweit für Brasilien.[114]

Abbildung 21: Hauptabnehmerländer Brasiliens 2012

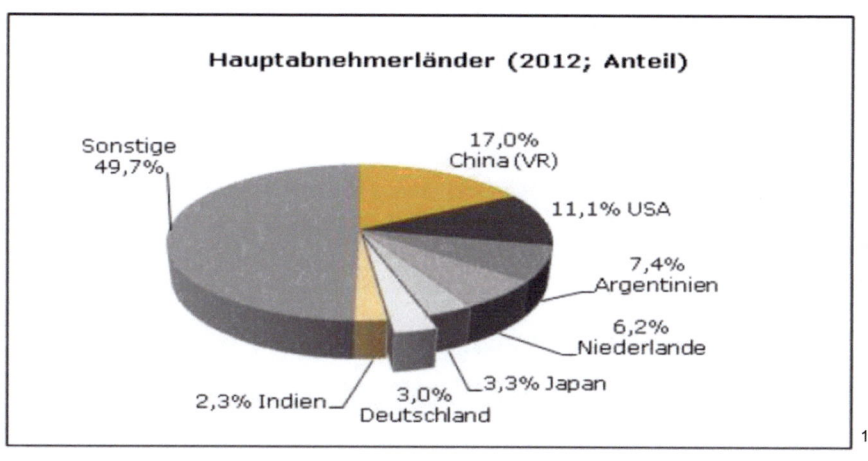

[115]

Brasilien ist Mitglied in internationalen Wirtschaftsorganisationen und Institutionen wie dem IWF, der WTO, G 20, dem UNASUR, dem MERCOSUR sowie Mitglied der

---
[113] Abbildung aus Germany Trade & Invest (2013c), Internetquelle.
[114] Vgl. Germany Trade & Invest (2013c), Internetquelle.
[115] Abbildung aus Germany Trade & Invest (2013c), Internetquelle.

BRICS-Staaten.[116] Als Bezeichnung aufstrebender Schwellenländer wurde die Bezeichnung BRICS von der Bank Goldman Sachs gewählt. Zu den expandierenden Schwellenländern gehören Brasilien, Russland, Indien, China und Südafrika. Seit dem Jahr 2009 treffen sie sich mit dem Ziel, das Entscheidungsgewicht von Industriestaaten bei wichtigen internationalen Bündnissen zu reduzieren. Seit dem Jahr 2013 wird zudem die WTO von dem Brasilianer Roberto Azevedo geleitet, was Brasilien sicherlich einen weiteren Vorteil bei internationalen Verhandlungen erbringen wird.[117] Am 23. Mai 2008 wurde die internationale Organisation UNASUR gegründet. Ihr gehören Brasilien, Argentinien, Bolivien, Chile, Ecuador, Kolumbien, Französisch-Guyana, Paraguay, Peru, Surinam, Uruguay und Venezuela an. Diese zwölf lateinamerikanischen Staaten werden als Pendant zur EU gesehen und erstreben einen effektiveren Handel innerhalb Lateinamerikas.[118] Ein weiteres Ziel des Staatenbundes ist die Schwächung der US-dominierten Organization of American States (OAS).[119] Weiterhin gehört Brasilien zu den Initiatoren der Gemeinschaft lateinamerikanischer und karibischer Staaten (CELAC), die 2010 gegründet wurde. Mit regionalen Bündnissen und Integration versucht Brasilien nicht nur die Grundlage für wirtschaftliche Zusammenarbeit zu schaffen, sondern auch grenzüberschreitend neue Ressourcen zu erschließen. Ferner sollen die Infrastrukturen der Länder gestärkt und politische Instabilität, Armut, Drogenhandel und Terrorismus bekämpft werden.[120]

4.2.4 SWOT-Analyse

Zusammenfassend zum Wirtschaftsstandort Brasilien, werden die Möglichkeiten und Risiken der Ökonomie, bzw. die Vor- und Nachteile des Landes in der unten abgebildeten SWOT-Analyse erläutert.

---

[116] Vgl. Germany Trade & Invest (2013c), Internetquelle.
[117] Vgl. Prutsch, Rodrigues-Moura (2013), S.213 f.
[118] Vgl. Spiegel Online (2008), Internetquelle.
[119] Vgl. Prutsch, Rodrigues-Moura (2013), S.215.
[120] Vgl. Auswärtiges Amt (2013d), internetquelle.

Abbildung 22: SWOT-Analyse Brasiliens

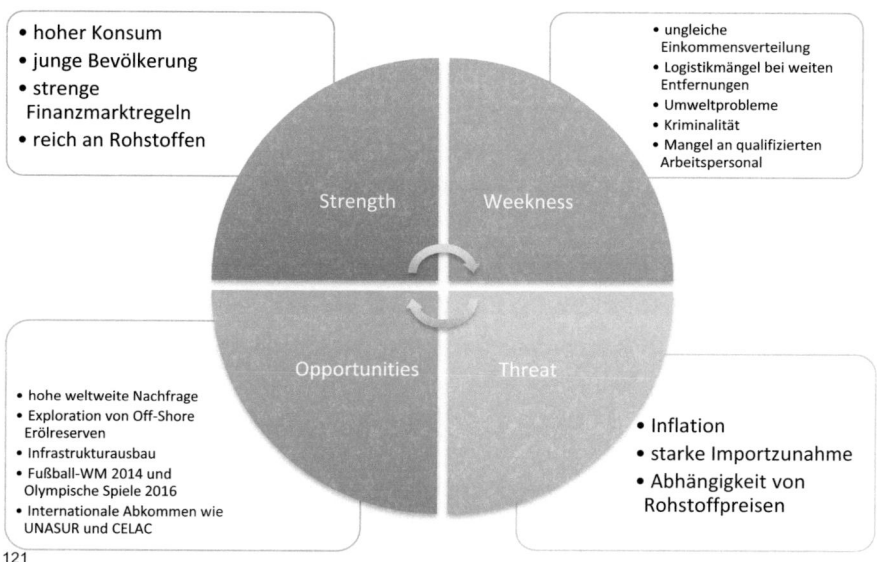

- hoher Konsum
- junge Bevölkerung
- strenge Finanzmarktregeln
- reich an Rohstoffen

- ungleiche Einkommensverteilung
- Logistikmängel bei weiten Entfernungen
- Umweltprobleme
- Kriminalität
- Mangel an qualifizierten Arbeitspersonal

- hohe weltweite Nachfrage
- Exploration von Off-Shore Erölreserven
- Infrastrukturausbau
- Fußball-WM 2014 und Olympische Spiele 2016
- Internationale Abkommen wie UNASUR und CELAC

- Inflation
- starke Importzunahme
- Abhängigkeit von Rohstoffpreisen

[121]

Brasilien, als Land mit reichhaltigen Ressourcen, besitzt sehr viel wirtschaftliches Potenzial. Als größtes Land Lateinamerikas mit der größten und auch sehr jungen Bevölkerung, verfügt es über die Quantität an Arbeitskräften für die weitere Entwicklung und den Ausbau der Infrastruktur. Der demografische Bonus lässt den Anteil der Bevölkerung bis zum Jahr 2022 ansteigen. Der durchschnittlich hohe Konsum, speziell der aufstrebenden Mittelschicht, wird voraussichtlich in den kommenden Jahren um 3% weiterwachsen.[122] Trotz des stark regulierten Finanzmarkts, hat Brasilien eine hohe Inflation zu beklagen. Die Zentralbank versucht mit einer hohen Zinspolitik, diese entgegen zu wirken. Die weltweit hohe Nachfrage brasilianischer Agrarprodukte und weiterer Ressourcen wie Erze und Mineralöle, die in der verarbeitenden Industrie eingesetzt werden, werden auch in Zukunft eine gute Exportquote sichern. Gerade in der Ölindustrie, in der Brasilien mit neuen Off-Shore-Projekten arbeitet, ist es dem Land möglich zu Venezuela und damit zum Land mit den größten Ölreserven aufzuschließen. Weitere Events wie die Fußballweltmeisterschaft 2014 und die Olympischen Spiele 2016 in Rio de Janeiro, werden einen enormen Infrastrukturausbau nach sich ziehen. Um die noch mangelnde Infrastruktur schneller, effizienter und

---

[121] Abbildung 21 aus eigener Darstellung
[122] Vgl. AHK Camara Brasil Alemanha (2013), S.6

integrierter auszubauen schuf die Regierung die EPL (Empresa de Planejamiento e Logistica). Diese Institution wird für die Koordination für den strategischen Ausbau aller Transportwege verantwortlich sein. Die Ausgaben der Regierung für die Investitionen in den Infrastrukturausbau belaufen sich auf 91 Mrd. Real; davon 56 Mrd. in den ersten fünf Jahren.[123] Ferner unterstützen internationale Abkommen wie UNASUR oder CELAC die wirtschaftlichen Beziehungen und den Freihandel. Ziel ist es, wirtschaftlich unabhängiger von den USA zu werden und ein Gegengewicht zum nordamerikanischen Binnenraum zu schaffen. Um den Aufschwung Brasiliens zu gewährleisten und wirtschaftliche Stabilität zu erlangen, muss die Einkommensverteilung, die anhand des Gini-Koeffizienten gemessen wird, weiter gesenkt werden. Mit dem Sozialprogramm „Bolsa Familia" mit dem 50 Mio. Brasilianer Sozialbezüge erhalten wurden die ersten Schritte getan. Zudem kämpft Brasilien mit Umweltbelastungen, die aufgrund mangelnder Bildung der Bevölkerung entstehen, sowie einer der höchsten Mordraten der Welt. Die meisten Kriminaldelikte konzentrieren sich in den von ärmeren Bevölkerungsschichten bewohnten Favelas. Das defizitäre öffentliche Bildungssystem verhindert, dass Menschen die Möglichkeit haben sich ein Einkommen zu erwirtschaften, was sie unabhängiger von staatlichen Zahlungen macht.[124] Aus dem mangelhaften Bildungssystem resultiert das Fehlen qualifizierter Arbeitskräfte für die Zukunft. Weiterhin können wirtschaftliche Risiken Brasiliens Aufstieg zum Industrieland gefährden. Die zuletzt gestiegene Inflation und die damit verbundenen Wechselkursrisiken könnten den Export dämpfen. Außerdem muss die Industrie wettbewerbsstärker werden, damit Brasilien unabhängiger bei Preisschwankungen von Rohstoffen und Agrar-produkten wird.

---

[123] Vgl. AHK Camara Brasil Alemanha (2013), S.10, Internetquelle.
[124] Vgl. Konrad Adenauer Stiftung (2013), Internetquelle.

4.3 Mexiko: Wirtschaftsdaten und -fakten

Abbildung 23: Wirtschaftsdaten Mexiko

Wirtschaftsdaten kompakt: Mexiko
Stand: November 2013

Basisdaten

Fläche		1.964.375 qkm
Einwohner		2013: 118,2 Millionen*
Bevölkerungsdichte		2013: 59,1 Einwohner/qkm*
Bevölkerungswachstum		2013: 1,1%*
Fertilitätsrate		2011: 2,2 Geburten pro Frau
Geburtenrate		2013: 18,6 Geburten/1.000 Einwohner*
Altersstruktur		2013: 0-14 Jahre: 27,4%; 15-24 Jahre: 18,1%; 25-54 Jahre: 40,7%; 55-64 Jahre: 6,9%; 65 Jahre und älter: 6,9%*
Analphabetenquote		2012: 6,2
Geschäftssprache		Spanisch
Rohstoffe	agrarisch	Mais, Weizen, Sojabohnen, Reis, Bohnen, Baumwolle, Kaffee, Obst, Tomaten, Rindfleisch, Geflügel, Milchprodukte, Holzprodukte, Holz
	mineralisch	Erdöl, Silber, Kupfer, Gold, Blei, Zink, Erdgas
Gas		
Produktion (Mrd. cbm)		2010: 57,6; 2011: 58,3; 2012: 58,5
Reserven (Bill. cbm)		2010: 0,4; 2011: 0,4; 2012: 0,4
Erdöl		
Produktion (Mio. bpd)		2010: 3,0; 2011: 2,9; 2012: 2,9
Reserven (Mrd. Barrel)		2010: 11,7; 2011: 11,4; 2012: 11,4
Mitglied in internationalen Wirtschaftszusammenschlüssen und -abkommen		Sela, Aladi, Nafta, WTO, IMF; mit der EU: Abkommen über wirtschaftliche Partnerschaft, politische Koordinierung und Zusammenarbeit vom 8.12.97 (Globales Abkommen); Abkommen über handgefertigte Erzeugnisse; Freihandelsabk. vom 18.1.00; Ausweitung per 1.3.01 auf Dienstleistungen, Investitionen, Schutz geistigen Eigentums und öffentliches Beschaffungswesen; zu bilateralen Abkommen siehe www.wto.org -> Trade Topics, Regional Trade Agreements, RTA Database, By Country
Währung	Bezeichnung Kurs (Sep. 2013) Jahresdurchschnitt	Mexikanischer Peso (mex$) ; 1 mex$ = 100 Centavos 1 Euro = 17,762 mex$; 1 US$ = 13,152 mex$ 2012: 1 Euro = 16,966 mex$; 1 US$ = 13,153 mex$ 2011: 1 Euro = 17,317 mex$; 1 US$ = 12,462 mex$ 2010: 1 Euro = 16,700 mex$; 1 US$ = 12,647 mex$

125

---

[125] Abbildung 22 aus Germany Trade & Invest (2013d), Internetquelle; *Schätzungen bzw. Prognosen.

Mexiko ist mit einer Fläche von 1.964.375 qkm das zweitgrößte und mit 116 Mio. Einwohnern das Land mit der zweithöchsten Bevölkerung in ganz Lateinamerika. Mexiko hat eine durchschnittliche Fertilitätsrate von 2,2 Geburten pro Frau und ein Bevölkerungswachstum von 1,1% jährlich.[126] Die Hauptstadt Mexiko Stadt ist mit über 20 Mio. Einwohnern einer der größten Ballungsräume weltweit und liegt damit nach Angaben der UN im Jahr 2011 nach Tokio (Japan) und Delhi (Indien) an dritter Stelle weltweit.[127]

Mexiko steht an 14. Stelle der größten Volkswirtschaften der Erde. Als Exportnation belegt es den 16. Platz der Weltrangliste und den 14. bei den Importländern. Der Export von Erdöl wird vom staatlichen Monopolunternehmen PEMEX (Petroleos Mexicanos) kontrolliert. Zudem ist Mexiko weltweit auf Rang 8 beim Export von Erdöl.[128] Neben Erdöl ist das Land reich an Rohstoffen wie Gold, Silber, Kupfer, Zink und Blei, die ebenfalls einen wichtigen Teil der Exportwirtschaft ausmachen. Maßgeblich zum BIP tragen auch die Herstellung von Tequila und Wein sowie der expandierende Tourismus bei. Im Jahr 2003 waren 18% der Bevölkerung in der Landwirtschaft beschäftigt. Mais ist das Grundnahrungsmittel der Mexikaner. Es werden jährlich 20 Mio. t Mais produziert. Somit gehört Mexiko zum viertgrößten Maisproduzenten weltweit. Für die Erzeugung von Strom und die Verteilung von elektrischer Energie ist das staatliche Monopolunternehmen CFE (Comisión Federal de Electricidad) zuständig. Mit dem Baustoffhersteller CEMEX beherbergt Mexiko den drittgrößten Zementhersteller der Welt.[129] Weiterhin ist Mexiko neben Brasilien, der wichtigste Kfz-Hersteller Lateinamerikas. Internationale Autohersteller wie Volkswagen, Honda, Nissan, Mazda und Audi produzieren mit eigenen Werken in Mexiko. Allein Volkswagen beschäftigt fast 19.000 Mitarbeiter im Werk Puebla. Mexiko ist für das Unternehmen neben Brasilien, der wichtigste Markt in Lateinamerika.[130] Auch in internationalen Organisationen wie der OECD (seit 2006) oder der G 20 (seit 2012) ist das Land vertreten. Seinen zunehmenden internationalen Einfluss gewann Mexiko mit dem Abschluss von 12 verschiedenen Freihandelsabkommen mit 44 Staaten in der Welt. Mexiko ist vernetzt mit der EU, den USA (NAFTA) und Japan und nähert sich

---

[126] Vgl. Germany Trade & Invest (2013d), Internetquelle.
[127] Vgl. Germany Trade & Invest (2012), Internetquelle.
[128] Vgl. Auswärtiges Amt (2013e), Internetquelle.
[129] Vgl. Urlaub in Mexiko (2010), Internetquelle.
[130] Vgl. GlobalDefence.net (2012), Internetquelle.

dem pazifischen Wirtschaftsraum mit der sog. Pazifik-Allianz (Kolumbien, Peru und Chile) an.

4.3.1 Marktsituation und -wachstum

In Abbildung 24 ist Mexikos Wirtschaftswachstum der vergangenen zehn Jahre dargestellt. So wird für 2013 mit einem Wirtschaftswachstum von ca. 3,5% kalkuliert. Von der Finanzkrise im Jahr 2009, als das Land ein starkes Minus von knapp 6% verzeichnete, konnte es sich im darauffolgenden Jahr mit einem Plus von 5,56% wirtschaftlich erholen. Im Jahr 2011 war das Marktwachstum mit 3,9% nicht mehr ganz so stark. Im Jahr 2012 war das BIP-Wachstum mit 3,5 Prozent ähnlich.[131]

Abbildung 24: BIP-Wachstum Mexikos von 2003 bis 2013 (teils prognostiziert)

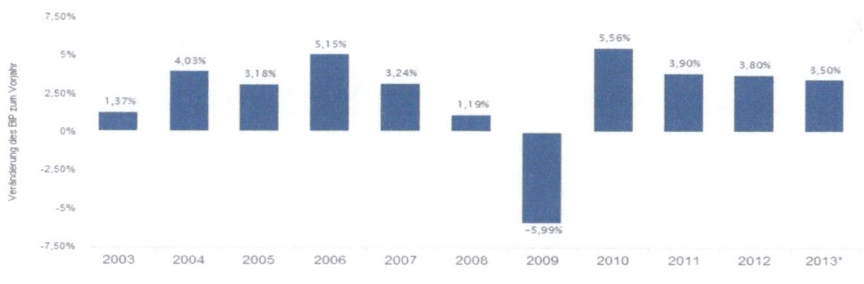

[132]

Im Jahr 2012 war der VW-Konzern auf dem nordamerikanischen Markt mit einem Fahrzeugabsatz von 0,9 Mio. Einheiten und dem höchstem Absatzzuwachs der beteiligten Märkte von 32,2% sehr erfolgreich.[133] Wie in Abbildung 24 gezeigt, wurden

---

[131] Vgl. Statista (2013e), Internetquelle.
[132] Abbildung aus Statista (2013e), Internetquelle.
[133] Vgl. Volkswagen AG (2012), S.104 f., Internetquelle.

2012 insgesamt über 3 Mio. Fahrzeuge produziert; davon ca. 1,8 Mio. Pkw und ca. 1,2 Mio. Nutzfahrzeuge.[134]

Abbildung 25: Produzierte Kfz 2012 in Mexiko

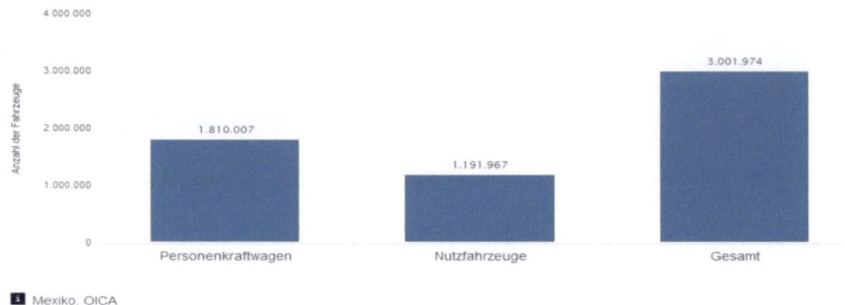

[135]

Abbildung 25 zeigt die größten Autoexporteure des Jahres 2012 aus Mexiko. Volkswagen de Mexico setzte 520.438 Einheiten ab. In Relation zur Gesamtzahl der produzierten Fahrzeuge ergibt dies einen Marktanteil von 17,3% (Zahl ist auf Nachkommastelle gerundet). Auf dem umkämpften mexikanischen Markt konnte sich Volkswagen im „Fünfkampf" gegen die Wettbewerber Nissan, General Motors, Ford und den Chrysler/Fiat-Konzern durchsetzen. Als Fahrzeughersteller mit dem zweithöchsten Exportanteil erzielte Nissan 10,2% (auf Nachkommastelle gerundet) weniger Absatz im Vergleich zu Volkswagen.[136]

---

[134] Vgl. Statista (2013f), Internetquelle.
[135] Abbildung aus Statista (2013f), Internetquelle.
[136] Vgl. Statista (2013g), Internetquelle.

Abbildung 26: Größte Autoexporteure 2012 in Mexiko

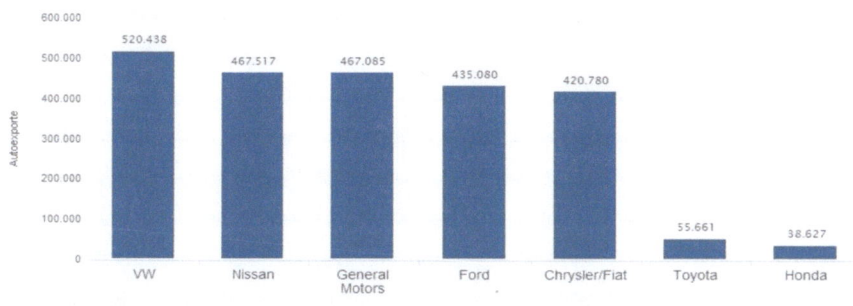

Durch den Ausbau bestehender Werkskapazitäten, sowie den Bau neuer Produktionswerke, wird die Kfz-Branche voraussichtlich 2013 weiter expandieren. Honda und Mazda tätigten im Jahr 2011 Großinvestitionen und Anfang des Jahres 2012 folgten Nissan, Chrysler/Fiat und Audi. Auf dem mexikanischen Markt wurde der Exportrekord im Jahr 2011 gegenüber dem Vorjahr nochmals übertroffen. Allein im Zeitraum Januar bis April 2012 wurden 15,2% mehr Fahrzeuge produziert als im Vorjahreszeitraum. Gleichzeitig stieg der Inlandsabsatz 2011 um 9,9%, der aber damit immer noch unter dem Vorkrisenniveau von 2007 lag. Die Anbieter machen dafür die hohen Gebrauchtwagenimporte verantwortlich.[138]

4.3.2 Kundenmarkt und Kaufkraft

Die Kaufkraft hat sich in Mexiko nur schleppend entwickelt. Die Wirtschaftskrise hat durch fallende Exportnachfrage aus den USA zu Beschäftigungsverlusten geführt. Dazu kamen niedrigere Zinszuflüsse wegen zurückgegangener Auslandsüberweisungen der in den USA lebenden Mexikaner. Die Kaufkraft erholte sich nur langsam. Der hohe informelle Anteil, d. h. eine vertraglich nicht abgesicherte Beschäftigung,

---
[137] Abbildung 25 aus Statista (2013g), Internetquelle.
[138] Vgl. Germany Trade & Invest (2012b), Internetquelle.

von ca. 60% verhindert eine Erhöhung der Produktivität, da informelle Unternehmen nicht in Ausbildung oder Forschung investieren. Die Konsumentenverschuldung hielt sich aufgrund der hohen informellen Beschäftigung auf einem niedrigen Niveau, da diese kaum Zugang zu Krediten haben. Bei einer Bevölkerung von 115 Mio. sind lediglich 23,2 Mio. Kreditkarten im Umlauf. Zum Vergleich: In Brasilien sind es 207 Mio. Kreditkarten bei einer Bevölkerung von knapp 200 Mio. Der Zugang zur Finanzierung betrifft auch die mittelständischen Unternehmen, die das Gros der Arbeitsplätze stellen. Durch das komplexe Steuersystem sehen sie sich in ihrer Entwicklung gehemmt. Begünstigt werden monopol- und oligopolistische Unternehmen, die durch höhere Preise, die Kaufkraft der Bevölkerung zusätzlich belasten. Durch die Konzentration der Einkommen in der Wirtschaft, scheren die Einkommen der Bevölkerung auseinander. Nimmt man den Gini-Koeffizienten als Kennziffer (Gini-Koeffizient 2010: 0,435) so weist Mexiko eine der höchsten Einkommensungleichheiten weltweit auf. Trotz verhaltener Entwicklung der Einkommen besitzt Mexiko jedoch eine sehr kaufkräftige obere Mittelschicht. Nach einer Studie des Marktforschungsverbandes AMAI hatten 6,8% der Bevölkerung in Städten mit mehr als 50.000 Einwohnern, als einziges Bevölkerungssegment Finanzmittel zum Sparen und Investieren. Das Zurückdrängen der informellen Beschäftigung würde eine Zunahme der Kaufkraft bewirken. In Abbildung 27 ist die schwache Lohnentwicklung dargestellt. Demnach sank das Einkommen der Haushalte 2008 auf 2010 um 12,3%. Gleichzeitig ist Mexiko jedoch durch die Abwertung der nationalen Währung, gegenüber der VR China wettbewerbsfähiger geworden.

Abbildung 27: Einkommensentwicklung Mexikos 2006 bis 2010

Einkommensentwicklung der Haushalte (in US$) 1)			
	Netto	Veränderung (in %) 2)	Netto pro Kopf 3)
2006	14.899,8	24,1	3.772,0
2008	14.312,5	-1,9	3.569,8
2010	11.059,1	-12,3	2.855,5

1) laufende Preise; 2) gegenüber vorangegangener Erhebung vor zwei Jahren; 3) durchschnittliche Haushaltsgröße 2006: 3,95; 2008: 4,00; 2010: 3,87
Quellen: Statistikamt INEGI, Durchschnittskurse (1 US$ =) nach Zentralbank Banxico: 2006: 10,89 mex$; 2008: 11,13 mex$; 2010: 12,64 mex$
139

---

[139] Abbildung aus Germany Trade & Invest (2013e).

Nach der Wirtschaftskrise holte die Exportnachfrage die mexikanische Wirtschaft ab dem Jahr 2010 wieder aus der Krise. Die Beschäftigungseffekte des informellen Sektors stießen den Konsum wieder an. Seit dem Jahr 2010 werden wieder stabile Zuwächse im Einzelhandel verzeichnet.

Die demografische Entwicklung Mexikos bietet eine ideale Basis für ein kräftiges Wachstum der Konsumentenzahl. Die Bevölkerung wird nach Prognosen in den kommenden zwei Jahrzehnten ein besonders gutes Zahlenverhältnis von Personen unter 21 Jahren und Personen über 65 Jahre haben.

Zwei Trends bestimmen das Konsumverhalten in Mexiko. Zum einen verdrängt der formelle Handel immer mehr den informellen Straßenhandel. In den letzten Jahren wurden tausende Supermärkte und Convenience Läden eröffnet. Zum anderen ändern sich die traditionellen Muster mexikanischer Familien- und Haushaltszusammensetzungen; wobei traditionelle Haushalstypen (Familien mit Kindern und erweiterter Familie) rückläufig sind.

Abbildung 28: Entwicklung der Konsumausgaben Mexikos von 2006 bis 2010

Entwicklung der Konsumausgaben (in US$) 1)			
	Pro Kopf	Veränderung (in %) 2)	Veränderung (in %) 3)
2006	3.391,5	27,3	13,7
2008	2.986,3	-11,9	-19,6
2010	2.906,4	-2,7	1,5

1) laufende Preise; 2) gegenüber vorangegangener Erhebung (2006 gegenüber 2004) nominal nach Wechselkursen; 3) real auf Peso-Basis
Quellen: Statistikamt INEGI Haushaltsbefragung ENIGH, jährliche Durchschnittswechselkurse der Mexikanischen Zentralbank (Banxico)[140]

In der oberen Konsumenten-Mittelklasse in Mexiko sind ähnliche Trends wie in westlichen Industrienationen zu beobachten. Kunden achten zunehmend auf ökologische Produktaufmachung, informieren sich im Internet und nutzen den Onlinehandel, der erst 2012 in eine kräftige Wachstumsphase eingetreten ist. Der mexikanische Kundenmarkt ist sehr markenorientiert; internationale Marken gelten als Statussymbol. Bei verschiedenen Produkten haben deutsche Anbieter, die höheren Anschaffungspreise durch gute Serviceleistungen aufwiegen können. Verlässlichkeit ist auf dem mexikanischen Markt hoch angesehen und so gelten Produkte von deutschen Anbietern („Made in Germany") bei vielen Kunden als Qualitätssiegel.[141]

---

[140] Abbildung aus Germany Trade & Invest (2013e), Internetquelle.
[141] Vgl. Germany Trade & Invest (2013e), Internetquelle.

4.3.3 Import & Export und Freihandelsabkommen

In Abbildung 29 ist die Außenhandelsentwicklung Mexikos dargestellt. Mexiko importierte 2012 Waren im Wert von 370,7 Mrd. USD. Dem standen 370,8 Mrd. USD an Ausfuhren gegenüber. Somit erwirtschaftete Mexiko zum ersten Mal seit Jahren wieder einen Überschuss. Das gesamte Außenhandelsvolumen stieg von 599,8 Mrd. USD im Jahr 2010 auf 741,5 Mrd. USD im Jahr 2012, was eine Steigerung von 23,6% bedeutet. Das Handelsvolumen mit Deutschland stieg von 10,6 Mrd. EUR im Jahr 2010 auf 13,2 Mrd. EUR im Jahr 2012. Für Deutschland ist Mexiko damit zweitwichtigster Handelspartner in Lateinamerika hinter Brasilien (ca. 20 Mrd. USD im Jahr 2012) und vor Argentinien (ca. 5 Mrd. EUR im Jahr 2012). Die meist importierten Güter waren Elektronik (16,3%), Maschinen (13,1%) und chemische Erzeugnisse (10,9%). Den höchsten Anteil an Ausfuhrgütern hatten Kfz und Fahrzeugteile (18,8%), Elektronik (17,1%) und Erdöl mit 14,0%. [142]

Abbildung 29: Außenhandelsentwicklung Mexikos 2010 bis 2012

Außenhandel							
Außenhandel (Mrd. US$)		2010	%	2011	%	2012	%
	Einfuhr	301,5	28,6	350,8	16,4	370,7	5,7
	Ausfuhr	298,3	29,9	349,6	17,2	370,8	6,1
	Saldo	-3,2		-1,2		0,1	
Außenhandelsquote (Ex- + Importe/BIP in %)	2010: 57,3; 2011: 60,3; 2012: 63,0						
Exportquote (Exporte/BIP in %)	2010: 28,5; 2011: 30,1; 2012: 31,5						
Einfuhrgüter nach SITC (% der Gesamteinfuhr)	2012: Elektronik 16,3; Maschinen 13,1; chemische Erzeugnisse 10,9; Kfz und -Teile 8,7; Elektrotechnik 7,7; Sonstige 43,3						
Ausfuhrgüter nach SITC (% der Gesamtausfuhr)	2012: Kfz und -Teile 18,8; Elektronik 17,1; Erdöl 14,0; Maschinen 9,3; Elektrotechnik 8,6; Sonstige 32,2						

[143]

In Abbildung 30 sind die Hauptlieferländer Mexikos mit dem weltweiten prozentualen Anteil dargestellt. Ungefähr die Hälfte aller Importe Mexikos stammte aus den USA

---

[142] Vgl. Germany Trade & Invest (2013d), Internetquelle.
[143] Abbildung 28 aus Germany Trade & Invest (2013d)

(50,1%). Dahinter folgten China (15,4%), als größter asiatischer Lieferant, Japan (4,8%) und Deutschland zusammen mit Südkorea mit einem Anteil von 3,6%.[144]

Abbildung 30: Hauptlieferländer Mexikos 2012

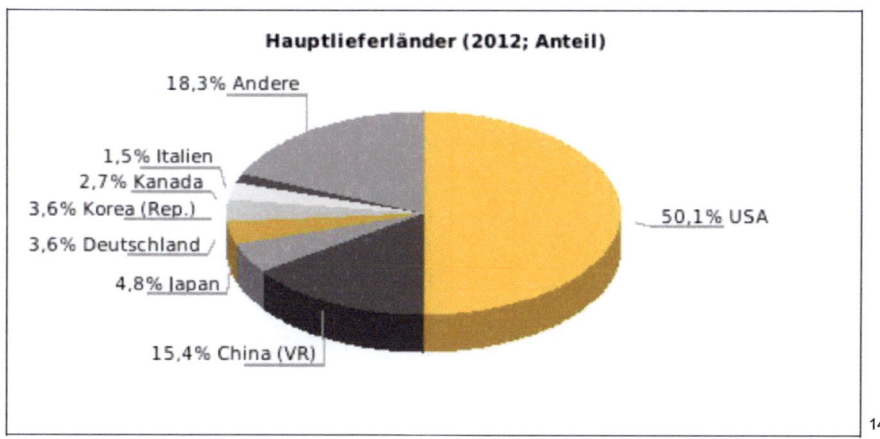

In Abbildung 31 ist der weltweite Anteil der Hauptabnehmerländer mexikanischer Güter dargestellt. Mit einem deutlichen Anteil von mehr als drei Viertel aller Exporte (77,7%) waren die USA der größte Hauptabnehmer. Dahinter folgen mit großem Abstand Kanada (2,9%) und Spanien (1,9%) auf den Rängen zwei und drei.[146]

---

[144] Vgl. Germany Trade & Invest (2013d), Internetquelle.
[145] Abbildung 29 aus Germany Trade & Invest (2013d).
[146] Vgl. Germany Trade & Invest (2013d), Internetquelle.

Abbildung 31: Hauptabnehmerländer Mexikos 2012

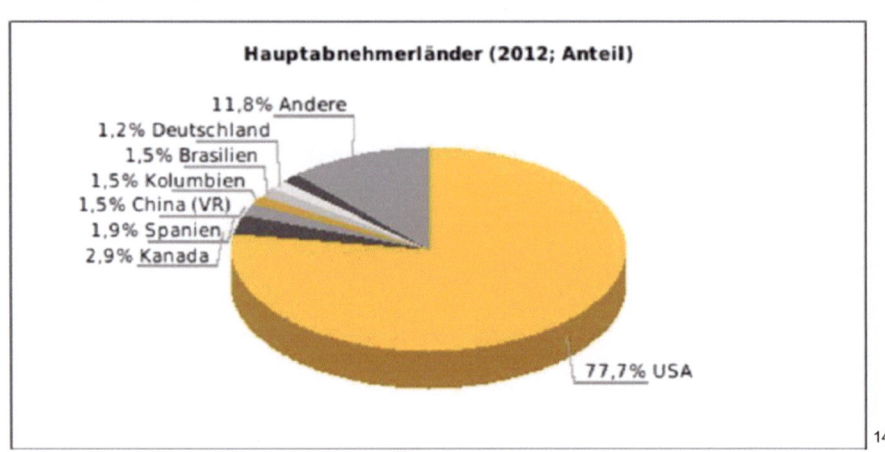

Mexiko ist Mitglied in internationalen Wirtschaftsorganisationen wie WTO, IMF, G 20 etc. Mit der EU besteht seit dem 8. Dezember 1997 ein globales Abkommen über wirtschaftliche Partnerschaft, politische Koordinierung und Zusammenarbeit.[148] Ziel ist es, mit dem Abkommen die NAFTA-Parität zu assoziieren, d. h. ein Freihandel im Rahmen eines globales Abkommens zwischen den NAFTA-Raum und der EU. Die gestiegene Bedeutung Mexikos wurde dadurch unterstrichen, dass das Land von der EU im Oktober 2008 zum strategischen Partner erklärt wurde.[149]

Am 1.Januar 1994 trat das North American Free Trade Agreement (NAFTA) in Kraft. Mit diesem Abkommen entfiel ein Großteil der Zölle auf Ursprungswaren der Mitgliedsstaaten Mexiko, Kanada und den USA. Seitdem entwickelte sich der Zollabbau zwischen Mexiko, Kanada und den USA asymmetrisch. Das Ziel des Abkommens war der stufenweise Abbau von Handelshemmnissen für den Austausch von Waren und Dienstleistungen und den Kapitalverkehr. Außerdem sah das NAFTA-Abkommen folgende Regelungen vor:

- Liberalisierung der Dienstmärkte
- Investitionsförderungen
- Regelungen zum geistigen Eigentum
- Kompromisse bei der Absprache von Normen und Standards.

---

[147] Abbildung 30 aus Germany Trade & Invest (2013d).
[148] Vgl. Germany Trade & Invest (2013d), Internetquelle.
[149] Vgl. Auswärtiges Amt (2013f), Internetquelle.

Die dadurch ausgelösten handels- und industriepolitischen Effekte ließen den Handel erheblich ansteigen. Für Mexiko ist die Freihandelszone von großer Bedeutung, da das Land rund 80% seines Außenhandels mit den USA und Kanada abwickelt. Neben dem Handel stiegen auch die Investitionen an. Im Jahr 2008 investierten Unternehmen aus den USA 322,9 Mrd. USD in Mexiko und Kanada.[150]

Den positiven Fortschritt des Freihandelsabkommens bestätigt eine Untersuchung des mexikanischen Außenministeriums Dirección General De Cooperación Y Relaciones Económicas Bilaterales (DGCREB), dargestellt in Abbildung 32. Seit der Geltung des Wirtschaftsabkommens NAFTA hat sich das Handelsvolumen von 289 Mrd. USD im Jahr 2003 auf 1.014 Mrd. USD im Jahr 2011 gesteigert.[151]

Abbildung 32: Handelsvolumententwicklung der NAFTA 2003 bis 2011

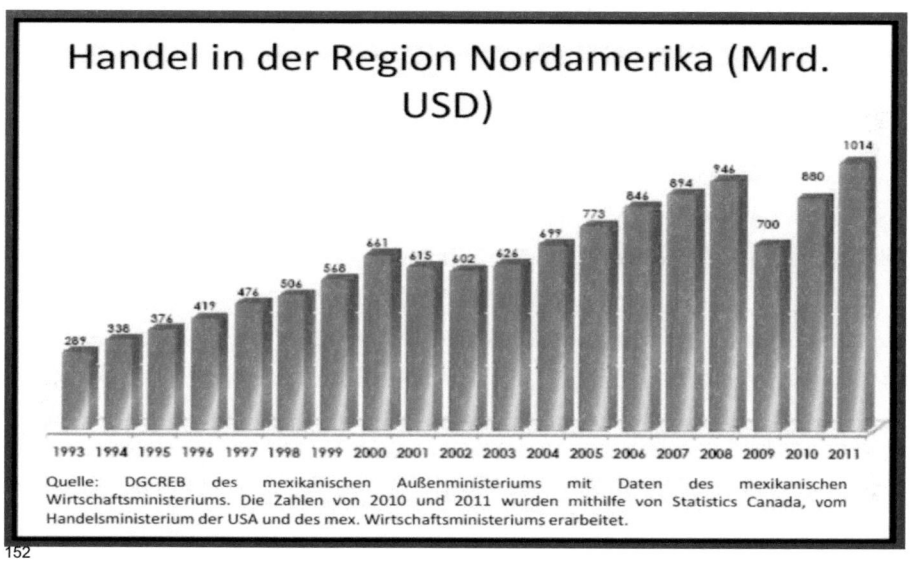

[152]

---

[150] Vgl. Germany Trade & Invest (2011), Internetquelle.
[151] Vgl. IHK Hannover (2011), Internetquelle.
[152] Abbildung 31 aus IHK Hannover (2011).

Zusammenfassend hier die wichtigsten Gründe, warum das NAFTA aus Sicht deutscher Unternehmen eine so hohe außenwirtschaftliche Relevanz hat:

- zollfreier Handel mit Waren und Dienstleistungen in den drei Mitgliedsstaaten Kanada, Mexiko und den USA
- eine hohe Wirtschaftsleistung der Bündnispartner von jährlich $17 Bill. USD (2010)
- ein großer Wirtschaftsraum mit 444 Mio. Konsumenten
- hohe Kombinationsmöglichkeiten zwischen der hohen Kaufkraft im Norden und dem niedrigen Lohnniveau im Süden.[153]

Nach erfolgreichem Abschluss des NAFTA-Abkommens im nordamerikanischen Binnenraum, schloss Mexiko weitere Freihandelsabkommen, um seinen Güterhandel zu steigern. In Südamerika hat Mexiko ein Freihandelsabkommen mit Chile, Peru und Kolumbien. Mit ihnen wurde die Pazifik-Allianz für den Abbau von weiteren Handelshemmnissen gegründet. In Zentralamerika besteht ein
Freihandelsabkommen mit Costa Rica, El Salvador, Nicaragua sowie Guatemala. Die bilateralen Abkommen wurden in regionale Abkommen umgewandelt. Lediglich mit Guatemala fehlt noch die Ratifizierung des regionalen Abkommens. Mit den wichtigsten Wirtschaftsmärkten Brasilien und Argentinien bestehen jedoch nur Abkommen für bestimmte Wirtschaftssektoren wie z. B. der Kfz-Industrie. Mit den MERCOSUR-Ländern hat Mexiko sog. Abkommen zur wirtschaftlichen Ergänzung abgeschlossen (ACE, Acuerdo de Complementación Económica).[154]

4.3.4 SWOT-Analyse

Zusammenfassend zum Wirtschaftsstandort Mexiko, werden die Möglichkeiten und Risiken der Ökonomie, bzw. die Vor- und Nachteile des Landes in der unten abgebildeten SWOT-Analyse erläutert.

---

[153] Vgl. Germany Trade & Invest (2011), Internetquelle.
[154] Vgl. Germany Trade & Invest (2013f), Internetquelle.

Abbildung 33: SWOT-Analyse Mexiko

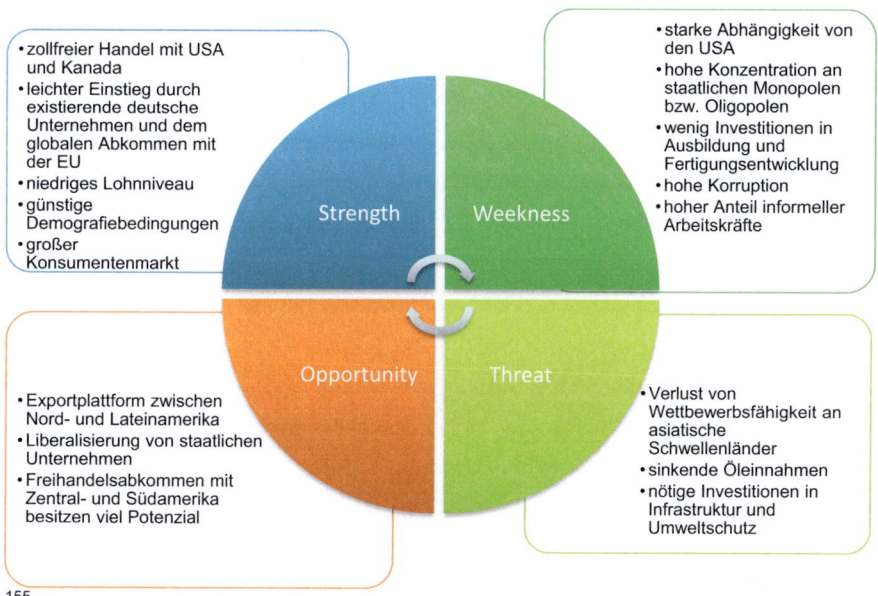

Mexiko als aufstrebendes Land Lateinamerikas gilt als attraktives Investitionsziel. Mit einer Wirtschaftsleistung von 1.177 Mrd. USD (2012) weist es das zweithöchste BIP innerhalb Lateinamerikas auf.[156] Das niedrige Lohnniveau mit einem durchschnittlichen Haushaltseinkommen von 11.059 USD p. a. (2010) und der große Konsumentenmarkt mit einer Bevölkerung von 116 Mio. Einwohnern sind weitere Faktoren, die für eine expandierende Exportwirtschaft sprechen. Besonders für deutsche Unternehmen ist der mexikanische Markt interessant. Eine lange Tradition deutscher Unternehmen sowie das globale Freihandelsabkommen zwischen Mexiko und der EU sprechen für den Standort. Der zollfreie Handel soll Impulse für die Wirtschaft in Mexiko liefern und gleichzeitig weniger abhängig vom US-Markt machen. Ferner sorgt die junge Altersstruktur der Bevölkerung für eine große Anzahl an zukünftigen Erwerbspersonen. Mexikos begünstigter Standort zwischen den USA und Lateinamerika, sowie die Freihandelsabkommen in Süd- (Pazifik Allianz) und Zentralamerika (CELAC) sollen weitere Impulse für die Wirtschaft liefern. Denn Mexikos Zugang zum US-Markt ist Fluch und Segen zugleich. Einerseits profitiert Mexikos Wirtschaft

---

[155] Abbildung aus eigener Darstellung.
[156] Vgl. Germany Trade & Invest (2013d), Internetquelle.

von dem einflussreichen Partner aus dem Norden, andererseits herrscht eine einseitige Exportwirtschaft. Ganze 77,7% aller Waren und Dienstleistungen gingen 2012 in die USA. Die US-Wirtschaft ist seit der Finanzkrise schwer angeschlagen und konnte nur durch eine Anhebung der Schuldenobergrenze gerettet werden. Mittlerweile beträgt der Schuldenstand fast 17 Bio. USD.[157] Besonders für die mexikanische Wirtschaft bedeutet diese Entwicklung in den USA ein hohes Risiko. Ein weiteres Problem ist die hohe Konzentration von staatlichen Monopolen; wie z.B. der Ölkonzern PEMEX oder das Stromunternehmen CFE. Eine Liberalisierung der Märkte und somit mehr Wettbewerb zwischen den Unternehmen würden mehr Investitionen in Fertigung und Entwicklung nach sich ziehen. Die höhere Innovationskraft würde sich positiv auf das Wirtschaftspotenzial auswirken. Ferner wird durch den hohen Anteil von 60% an informellen Arbeitskräften eine höhere Produktivität verhindert. Informelle Unternehmen investieren kaum in Ausbildung und Entwicklung, wodurch ein höherer Anstieg von Kaufkraft und Löhnen gebremst wird. Wegen der teils niedrigen Löhne besteht eine hohe Anfälligkeit für Korruption. Zusätzlich zu den wirtschaftlichen Risiken des Standortes Mexiko könnte sich ein Wettbewerbsverlust an die asiatischen Schwellenländer abzeichnen. Außerdem sanken Mexikos Erdölreserven und die damit verbundenen Einnahmen. Die Förderung verringerte sich von 11,9 Mrd. Barrel (2009) auf 11,4 Mrd. Barrel (2011). Dies sind 4,2% weniger.[158] Die zunehmende Anzahl von Fahrzeugen verursacht hohe Umweltkosten. An mehreren Tagen im Jahr werden die Grenzwerte der Weltgesundheitsorganisation (WHO) für Ozon und Schwefeldioxid überschritten. Zu den Gesundheitskosten kommen wirtschaftliche Verluste durch den verstopften Stadtverkehr hinzu.[159] Ein Ausbau des Straßennetzes, sowie die Modernisierung der Wasser- und Abfallentsorgung sind nötig. Um eine expandierende Wirtschaft zu gewährleisten, wird Mexiko diese Investitionen tätigen müssen um weiter zu den USA aufzuschließen.

---

[157] Vgl. Finanzen.net (2013), Internetquelle.
[158] Vgl. Germany Trade & Invest (2013d), Internetquelle.
[159] Vgl. Germany Trade & Invest (2012), Internetquelle.

5. Vergleich der Wirtschaftsstandorte

Im Hauptkapitel 5 wird die Rolle von Volkswagen auf den einzelnen Wirtschaftsmärkten in Argentinien, Brasilien und Mexiko beschrieben. Es wird untersucht welches Absatzpotential vorhanden ist, ob politische Auflagen bestehen und wie sich der Einfluss der Steuerpolitik des jeweiligen Landes auswirkt. Ferner wird berichtet, über welche logistischen Netzwerke der VW-Konzern verfügt und untersucht welche Qualität die vorhandene Infrastruktur hat. Weitere Punkte sind die Lohnkosten und die Verfügbarkeit qualifizierter Arbeitskräfte. Im folgenden Unterkapital 5.2 wird darüber berichtet, welche strategischen Ziele Volkswagen mit der internationalen Standortpolitik in Schwellenländern verfolgt. Ferner wird ein Ausblick auf die zukünftige ökonomische Entwicklung der jeweiligen Standorte gegeben.

5.1 Die Rolle Volkswagens auf den einzelnen Wirtschaftsmärkten

5.1.1 Wettbewerb und Absatzpotenzial

Das Jahr 2014 könnte der argentinische Markt einen neuen Aufschwung erleben. Wie in Abbildung 34 dargestellt, hat der Inlandsabsatz 2013 bei ca. 900.000 Fahrzeugen gelegen. Das ist zwischen 8 und 10% mehr als 2012 mit einem Absatzvolumen von 830.000. Bedingt durch die hohe Inflation investieren die Konsumenten in Sachwerte. Fahrzeugkäufe werden, aufgrund einer weiteren Abwertung des argentinischen Peso vorgezogen. Neue Importrestriktionen begrenzen die Einfuhren von Kfz-Lieferteilen, so dass viele Fahrzeuge lokal montiert werden. Für 2014 erwartet das Beratungsunternehmen abeceb.com eine Absatzzahl von 915.000 Fahrzeugen auf dem argentinischen Markt. Davon dürften 58% durch Importe gedeckt werden. Laut einer Prognose des argentinischen Industrieministeriums soll der Inlandsabsatz bis 2020 auf 1,6 Mio. Fahrzeuge wachsen.[160]

---

[160] Vgl. Germany Trade & Invest (2013f), Internetquelle.

Abbildung 34: Kfz-Branche Argentiniens 2011 bis 2013

Argentiniens Kfz-Branche (in 1.000 Einheiten)

	2011	2012	2013 1)
Kfz-Produktion	829	764	850
Kfz-Absatz im Inland 2)	883	830	900
Kfz-Export	507	413	470
Kfz-Import	559	482	520

1) Prognose; 2) Auslieferungen an die Vertragshändler

Quellen: Kfz-Herstellerverband Adefa, Berechnungen von Germany Trade & Invest
161

In Abbildung 35 ist der Absatz und Marktanteil der Fahrzeughersteller in Argentinien zu sehen. Beim Pkw-Absatz verteidigte der VW-Konzern mit einem Marktanteil von knapp 23% die Marktführerschaft im Jahr 2012. Allerdings brach der Absatz im Vergleich zu 2011 um 20,1% ein. Das meistgekaufte Automodell war der Kompaktwagen VW Gol. Dieser wird aus Brasilien importiert. Volkswagen produziert vor Ort in Argentinien den Pick-Up Amarok sowie den Minivan Suran.[162]

Abbildung 35: Pkw-Absatz und Marktanteil in Argentinien nach Herstellern

Absatz von Pkw in Argentinien nach Herstellern (in Einheiten; Veränderung und Marktanteil in %)

Hersteller (Marken)	2012	Veränderung 2012/11	Marktanteil 2012
Volkswagen (Seat, Audi)	136.460	-20,1	22,9
General Motors (Chevrolet, Suzuki)	120.420	-8,3	20,2
Peugeot Citroën	96.834	-0,7	16,2
Renault (Nissan)	79.202	-22,6	13,3
Fiat	60.096	-17,9	10,1
Ford	59.779	1,5	10,0
Toyota	15.722	33,7	2,6
Honda	12.604	3,9	2,1
Mercedes-Benz	3.730	7,5	0,6

Quelle: Adefa
163

---

[161] Abbildung aus Germany Trade & Invest (2013f), Internetquelle.
[162] Vgl. Germany Trade & Invest (2013f), Internetquelle.
[163] Abbildung aus Germany Trade & Invest (2013f), Internetquelle.

Auch bei den importierten Luxusfahrzeugen dominieren deutsche Hersteller den argentinischen Markt. In 2012 verkaufte nach Angaben des Händlerverbandes Acara Audi 6.279 Einheiten (+20%), BMW 2.211 (+17%) sowie Mercedes 6.800 Pkw und leichte Nutzfahrzeuge (-1%) in Argentinien. Bei Lkw und Bussen hat Mercedes einen lokalen Marktanteil von 35% und beherrscht damit deutlich dieses Segment. Die Unternehmen Iveco (+20%), Ford (+14%), Scania (+9%), VW (+8%) sowie Agrale und Volvo (je +4%) folgen mit großem Abstand. Hier besteht erhebliches Verbesserungspotenzial für den VW-Konzern.

Ausländische Anbieter können vom Markt kaum partizipieren wenn sie nicht vor Ort eine unternehmenseigene Produktion betreiben. Zu 95% werden die Absätze von Herstellern mit eigener Produktion im Land abgewickelt. Der Grund für diese hohe Zahl, ist die Abschottung des südamerikanischen Wirtschaftsverbandes MERCOSUR gegen Importe aus Drittländern. Der Zollsatz für Drittländer beträgt 35%.

Laut ADEFA betrug der Kfz-Bestand in Argentinien Ende 2011 rund 11 Mio. Einheiten. Diese 11 Mio. Einheiten verteilten sich auf 8,3 Mio. Pkw, 2,0 Mio. leichte und 576.000 schwere Nutzfahrzeuge, sowie 76.000 Busse. Der größte Absatz konzentrierte sich auf die Provinz Buenos Aires. Rund 52% des Bestandes wurden hier verkauft.[164]

Der Kfz-Markt in Brasilien wuchs nach einem Plus (4.6%) im Jahr 2012, auch in 2013 um 3.5% bis 4.5% auf rund 3.97 Mio. Fahrzeuge. Verglichen in Prozentpunkten mit Argentinien ist das Wachstum nur halb so groß; in absoluten Zahlen allerdings ist dies eine höhere Steigerung. Brasilien ist hinter der VR China, den USA und Japan der viertgrößte Absatzmarkt in der Kfz-Branche weltweit. Die Senkung der Industrieproduktsteuer IPI unterstützt die hohe Nachfrage. Sie wurde auf Druck der Branchenfirmen bis Ende 2013 verlängert. Das Anfang 2013 eingeführte Branchenregime Inovar Auto, setzt weitere Anreize für mehr lokale Wertschöpfung, Effizienz und Innovation. Als Folge stiegen Investitionen von Fahrzeugherstellern und Zulieferbetrieben. Auf dem Pkw-Absatzmarkt stammt mehr als die Hälfte der verkauften Pkw stammt aus dem Segment zwischen 1000 ccm und 2000 ccm. In der Abbildung 36 ist zu sehen, wie besonders der koreanische Fahrzeughersteller Hyundai (+ 114,4%) mit kräftigem Wachstum davon profitierte.

---

[164] Vgl. Germany Trade & Invest (2013f), Internetquelle.

Der Fahrzeughersteller Fiat hält die Marktführerschaft mit einem Anteil von 22,7%. Dahinter folgen VW (19,9%), GM (17,9%) und Ford (9,0%). VW dessen Absatz im Zeitraum Januar bis März 2013 (- 1,9%) zurückging, muss sich gegen General Motors, die im gleichen Zeitraum (+ 3,2%) zulegten, behaupten.

Abbildung 36: Pkw-Absatz und Marktanteil in Brasilien nach Herstellern

Absatz von Pkw (inklusive leichter Nutzfahrzeuge) in Brasilien nach Herstellern (in Einheiten; Marktanteile und Veränderung in %)

Hersteller	Absatz 2013 1)	Veränderung 2)	Marktanteil 2013 1)
Fiat	178.871	3,0	22,7
Volkswagen (VW)	156.803	-1,9	19,9
General Motors (GM)	141.100	3,2	17,9
Ford	70.846	-2,4	9,0
Hyundai	46.126	114,4	5,9

1) Januar bis März; 2) Januar bis März 2013/Januar bis März 2012

Quelle: Verband der Automobilhändler Fenabrave
[165]

Das Absatzpotenzial auf dem brasilianischen Kfz-Markt ist angesichts der geringen Marktsättigung sehr hoch. Das Verhältnis Einwohner pro Fahrzeug liegt in Brasilien knapp unter 5. Im Vergleich hat die USA ein Verhältnis von 1 bis 2 Einwohner.
Nutzfahrzeuge lieferten 2012, aufgrund der rapiden Umstellung von der Euro 3 auf die Euro 5-Norm enttäuschende Ergebnisse. Viele Kunden zogen ihre Käufe auf Ende 2011 vor, um die günstigeren Vorgängermodelle zu erwerben. Für 2013 wird mit einer verbesserten Lage gerechnet. Branchenexperten kalkulieren mittelfristig ein Plus von 10%. Ausschlaggebend dafür sind die hohe Nachfrage im Inland, sowie in den Exportmärkten in Peru, Chile und Afrika. Der gesamte brasilianische Kfz-Markt wuchs laut der Verkehrsbehörde Denatran 2012 um 7% auf rund 43 Mio. Fahrzeuge. Diese verteilen sich auf 17 Mio. Motorräder, 5,3 Mio. leichte Lieferwagen, 2,4 Mio. Lkw und 520.000 Busse. Gerade bei den 2,4 Mio. Lkw mit einem Durchschnittsalter von 16 bis 17 Jahren liegt ein erhöhter Modernisierungsbedarf vor.

---

[165] Abbildung aus Germany Trade & Invest (2013g), Internetquelle.

Brasilien hat sich von seinem Zwischentief erholt und steigerte Anfang 2013 die Kfz-Produktion laut dem Branchenverband Anfavea um 4,5%. Aufgrund des hohen Marktpotenzials bauen alle globalen Hersteller neue Produktionswerke oder erhöhen die Kapazität der bestehenden Anlagen. Branchenexperten schätzen, dass die Automobilbranche bis zum Jahr 2017 zu den geplanten 60 Mrd. Real weitere 5,5 Mrd. Real dazukommen werden. Die Kfz-Zulieferer werden laut dem Fachverband Sindipeças ein Wachstum von 2,7 und 2014 von 4,5% erreichen.[166]

Im Jahr 2012 stellte der mexikanische Automobilmarkt einen neuen Produktions- und Exportrekord auf. Dieser Trend dürfte sich aufgrund von Fabrikeröffnungen und möglichen Markteinstiegen von weiteren Herstellern fortsetzen. Dem werden voraussichtlich Zulieferbetriebe folgen. Der Binnenmarkt wächst ebenfalls kräftig und wird wahrscheinlich an das Absatzvolumen von 2008 anknüpfen. In Abbildung 37 ist die Kfz-Branche Mexikos zusammengefasst. So wurden im Jahr 2012 mit einem Absatzvolumen von 987.747 Stück die Verkäufe um 9% gesteigert, 2011 waren es 10,4%. Trotzdem liegt das Absatzvolumen von 2012 um 3,7% unter dem Niveau des Vorkrisenjahres 2008. Lt. Aussage von Guillermo Prieto, den Präsidenten von AMDA (Asociación Mexicana de los Distribuidores de Automotores), werden die Fahrzeughersteller im Jahr 2013 90.000 bis 100.000 Einheiten voraussichtlich mehr verkaufen als 2012. Damit würde der Absatz 1.080.000 bis 1.090.000 Einheiten erreichen, was ein Wachstum zwischen 9,1 und 10,1% bedeuten würde. Zusätzlich wird der Stromkonzern CFE seinen Fuhrpark komplett erneuern. Dieser umfasst 4.551 Fahrzeuge. Die Aussichten für die Zukunft sehen positiv aus.

Abbildung 37: Kfz-Branche Mexikos 2010 bis 2012

Automobilindustrie in Mexiko (Pkw und leichte Nutzfahrzeuge; Stückzahlen; Veränderung in % gegenüber Vorjahr)

	2010	2011	2012	Veränderung
Inlandsabsatz	820.406	905.886	987.747	+9,0
Importe	445.762	473.314	521.692	+10,2
Exporte	1.859.517	2.143.879	2.355.564	+9,9
Produktion	2.260.776	2.557.550	2.884.869	+12,8

Quelle: Verband AMIA [167]

---

[166] Vgl. Germany Trade & Invest (2013g), Internetquelle.
[167] Abbildung aus Germany Trade & Invest (2013h), Internetquelle.

Die Autoproduktion nach Herstellern legte um 12,8% zu. Mit knapp 2,9 Mio. produzierten Einheiten erreichte der Markt ein neues Rekordniveau. Wie in Abbildung 38 zu sehen, konnte viele Fahrzeughersteller ihre Produktion von 2010 bis 2012 steigern. Honda (+39,4%) sowie Fiat/Chrysler (34,4%) erreichten die höchsten Zuwächse. Nissan konnte die Produktion seines Modells Versa mehr als verdoppeln und produzierte mit 683.520 Einheiten die meisten Fahrzeuge. Das Automodell Fusion von Ford wurde vom VW Jetta vom Platz des meistproduzierten Fahrzeugmodells verdrängt. Vom VW Jetta wurden 326.487 Einheiten produziert.

Abbildung 38: Kfz-Produktion in Mexiko 2010 bis 2012 nach Herstellern

Produktion nach Herstellern (Pkw und leichte Nutzfahrzeuge; Stückzahlen; Veränderung in % gegenüber Vorjahr)

	2010	2011	2012	Veränderung
Nissan	506.492	607.087	683.520	+12,6
Volkswagen	434.685	510.041	604.508	+18,5
General Motors	559.350	544.202	570.942	+4,9
Ford	393.649	462.462	451.648	-2,3
Fiat/Chrysler	257.319	338.772	455.334	+34,4
Honda	55.001	45.390	63.256	+39,4
Toyota	54.278	49.596	55.661	+12,2
Gesamt	2.260.776	2.557.550	2.884.869	+12,8

Quelle: AMIA
[168]

Der Absatz produzierter Kfz in Mexiko stieg um 7,7% während die Importe sich um 10,2% steigern konnten. Insgesamt dominierten die Importe mit einem Anteil von 52,8% auf dem Inlandsmarkt. Besonders Fahrzeugmodelle der Luxusklasse steigerten ihren Absatz (+70.5%), SUVs immerhin um 11,2%. Einen starken Absatzrückgang mussten Sportwagenmodelle hinnehmen (-30,1%). Der Grund dafür ist das Fehlen neuer Automodelle, die erst 2013 auf den Markt kommen. Die wichtigsten Kategorien Kleinwagen (+6,5%), Kompaktklasse (+5,9%) und Vans (+7,8%) erreichten leichte Absatzzuwächse.

Der Fahrzeughersteller Nissan konnte 2012 seine Marktführerschaft mit einem Anteil von 24,9% behaupten. Der Absatz steigerte sich um 9,3% gegenüber 2011. Das

---

[168] Abbildung 37 aus Germany Trade & Invest (2013h), Internetquelle.

Wachstum ist zurückzuführen auf die vier neu eingeführten Modelle – Sentra 2013, Altima 2013, Pathfinder und NV2500. GM folgt an zweiter Stelle und steigerte seinen Absatz um 10,6%. Damit konnte GM seinen Marktanteil von 18,6% auf 18,9% ausbauen. Fiat erhöhte seinen Absatz um 10,0% und konnte den Wettbewerber Ford vom vierten Rang verdrängen. Ford verlor Marktanteile von 1,2% und setze 4,1% weniger Autos ab. Volkswagen erhöhte seinen Absatz um 7,6% und liegt mit einem Marktanteil von 16,7% auf Rang 3 der Hersteller. Insgesamt konkurrieren auf dem mexikanischen Markt 18 Hersteller gegeneinander.

Der Export erreichte ein neues Rekordniveau. Im Jahr 2012 wurden 2.355.564 Einheiten aus Mexiko exportiert, was eine Steigerung von 9,9% gegenüber dem Vorjahr bedeutet. In Abbildung 39 sind die Exportzahlen der einzelnen Fahrzeughersteller dargestellt. Volkswagen de Mexico konnte aufgrund der zweitstärksten Exportzunahme (+20,5%), nach dem Fiat/Chrysler-Konzern (+31,5%), den Wettbewerber GM überholen. Mit über einer halben Million Fahrzeuge exportierte Volkswagen de Mexico die meisten Autos im Jahr 2012. Besonders Mexiko hängt stark vom Export und dem US-Markt ab. 2012 wurden 82% aller produzierten Fahrzeuge exportiert. Mexiko ist somit der größte Exporteur von ganz Lateinamerika! Zum Vergleich: 2012 wurden in Brasilien 3,3 Mio. Fahrzeuge hergestellt und 13% davon exportiert. 2012 produzierte Argentinien 764.000 Fahrzeuge und hatte, hauptsächlich dank der starken Nachfrage aus Brasilien, eine Exportquote von 54% ins Ausland insgesamt.[169]

---

[169] Vgl. Germany Trade & Invest (2013h), Internetquelle.

Abbildung 39: Pkw-Export aus Mexiko von 2010 bis 2012

Ausfuhren nach Herstellern (Pkw und leichte Nutzfahrzeuge; Stückzahlen; Veränderung in % gegenüber Vorjahr)

	2010	2011	2012	Veränderung
Volkswagen	361.031	429.261	518.132	+20,5
General Motors	461.277	442.824	465.277	+5,0
Ford	383.281	449.232	384.665	-14,5
Nissan	344.673	408.488	467.338	+13,5
Fiat/Chrysler	230.267	323.096	424.754	+31,5
Toyota	54.278	49.596	55.661	+12,4
Honda	40.975	36.320	39.737	+9,1
Gesamt	1.875.782	2.130.143	2.355.564	+9,9

Quelle: AMIA [170]

Auch im Jahr 2012 bildete der US-Markt den wichtigsten Abnehmer für in Mexiko hergestellte Fahrzeuge mit einem Anteil von 63,9% aller exportieren Fahrzeuge. Die Ausfuhren in die USA stiegen um 10,4% gegenüber 2011.

5.1.2 Politik und Steuern

Seit der Präsidentschaft Kirchner verfolgt Argentinien in der Außenpolitik neue Ziele. Während andere Länder Bündnisse pflegen, schottet sich das zweitgrößte Land Südamerikas weiter ab. Auch die Pressefreiheit nimmt eine besorgniserregende Entwicklung. Mit dem neuen Mediengesetz hat die Regierung jüngst Zeitungen und Zeitschriften verboten, Anzeigen von Supermärkten und Elektrowarenhäusern zu drucken. Die unangekündigte Enteignung des spanischen Ölkonzerns Repsol, die verächtliche Rhetorik gegenüber den westlichen Volkswirtschaften, der Streit um die Fregatte „Libertad", der politische Streit mit Großbritannien hinsichtlich der Falklandinseln und der konfrontative Politikstil haben das Land in den letzten zwölf Monaten stark isoliert. Um das neue Wirtschafts- und Staatsmodell umzusetzen hat die argentinische Regierung seine Importrestriktionen verschärft. Die Intention war durch eine Verknappung der Importe, die argentinische Handelsbilanz positiv zu entwickeln. Die eigenen Produkte sollten stärker exportiert werden und somit einen Zufluss ausländischer Devisen bewirken. Um dies zu erreichen bricht Argentinien die Regeln der WTO. Mit dieser internationalen Organisation hatte Argentinien sich geeinigt gegen

---
[170] Abbildung 38 aus Germany Trade & Invest (2013h), Internetquelle.

Protektionismus einzutreten.[171] Zudem gibt es weiterhin einen offenen Handelskampf mit Brasilien. Argentiniens Handelspartner brauchen mittlerweile für 600 Produkte aufwendige Einzelgenehmigungen, um sie einzuführen; nicht immer werden diese erteilt. Ein Beispiel ist das Elektronikunternehmen Apple, das seit dem Jahr 2010 keine Technik mehr liefern darf. Die argentinische Regierung verlangte die Produkte vor Ort zu produzieren, was das Unternehmen ablehnte.[172] Des Weiteren wurde der Produkt-Einfuhrzoll auf den zulässigen Maximalwert der WTO (35%) erhöht. Dieser Schritt wurde mit der Absicht des MERCOSUR begründet, sich vor „internationalen Handelsungleichgewichten zu schützen."[173] Eine weitere Einschränkung des Marktpotenzials in Argentinien ist, dass Unternehmen seit Anfang 2011 negative Handelsbilanzen mittelfristig ausgleichen müssen. Importe müssen durch Exporte oder Direktinvestitionen im Land kompensiert werden. Die Regierung drängt die Unternehmen keine Gewinne an die Mütterhäuser zu überweisen, um die Ausfuhr von Devisen zu verhindern. Diese Forderung wird von argentinischen Regierungsvertretern an die Unternehmen formuliert. Als Druckmittel dienen bürokratische Barrieren. So muss seit Februar 2012 jeder Import von den Behörden vorab genehmigt werden.[174] Importeure müssen seit dem 1. Dezember 2012 eine eidesstattliche Erklärung (DJAI - Declaración Jurada Anticipada de Importación) bei der argentinischen Steuerbehörde AFIP (Administración Federal de Ingresos Públicos) einreichen. Erst nach der Genehmigung der DJAI durch die AFIP, kann der Import durchgeführt werden. Auch der Erwerb von Devisen muss lt. der Resolution 3210/2011 durch die AFIP genehmigt werden. Die argentinische Zentralbank verlangt für die Bewilligung des Devisenerwerbs die genehmigte DJAI. So kommt es zu Verzögerungen bei der Zuteilung von Devisen für Auslandsüberweisungen.[175]

Die EU ist mit der wichtigste Handelspartner des MERCOSUR; trotzdem gelingt Argentinien bislang kein Freihandelsabkommen. Andere aufstrebende Länder in Lateinamerika, hingegen wie z.B. Mexiko, haben bilaterale Abkommen mit der EU geschlossen. Wirtschaftliche Vorteile wie Technologietransfer, Devisenzufluss und Investitionen in Milliardenhöhe bleiben Argentinien verwehrt. Das Investitionsklima hat sich in den letzten Jahren zunehmend verschlechtert. Die rechtliche Unsicherheit, die

---

[171] Vgl. Konrad Adenauer Stiftung (2013a), Internetquelle.
[172] Vgl. phoneArena.com (2011), Internetquelle aus Konrad Adenauer Stiftung (2013a).
[173] Vgl. Merco Press (2013), Internetquelle aus Konrad Adenauer Stiftung (2013a).
[174] Vgl. Germany Trade & Invest (2013f), Internetquelle.
[175] Vgl. Germany Trade & Invest (2013i), Internetquelle.

staatliche Intervention in die Wirtschaft und die hohe Inflation, verhindern Fortschritte und bremsen ein wirtschaftliches Wachstum.[176]

In Argentinien sind die wichtigsten Unternehmenssteuern die Gewinnsteuer und Steuern auf Dividenden, Zinsen und Lizenzgebühren. Die Gewinnsteuer beträgt für AG, GmbH und Zweigniederlassungen 35%. Verluste können bis zu 5 Jahre vorgetragen werden. Nach Entrichtung der Steuer müssen Gewinne nicht weiter versteuert werden. Natürliche Personen, die in Argentinien ansässig sind, unterliegen der Einkommenssteuer von 9 bis max. 35%. Zudem existiert eine Aktivsteuer (Impuesto a la Ganancia Minima Presunta), die auf 1% der Gesamtaktiva des Unternehmens berechnet wird. Sie kann für 10 Jahre als Anzahlung auf die Gewinnsteuer angerechnet werden. Dividendenzahlungen sind steuerfrei, wenn sie den steuerpflichtigen Gewinn nicht überschreiten. Liegen sie darüber, wird vom darüber liegenden Betrag eine Steuerzahlung in Höhe von 35% fällig. Sowohl Zinsen aus Wertpapieren, als auch Aktiendividenden sind für Privatpersonen und ausländische Gesellschaften ebenfalls steuerfrei. Sonstige Kapitalerträge im Einzelnen verschieden zu besteuern. Der Steuersatz für sonstige direkte Zinszahlungen ins Ausland beträgt 15.05% an Banken und 35% an natürliche und juristische Personen. Lizenzgebühren aus Verträgen, die beim INPI (Instituto Nacional de la Propiedad Industrial) registriert sind, werden mit einer Gewinnsteuer von 21% oder 28% belastet, je nach Grad der Technik. Bei Nichtregistrierung beträgt die Steuer 31,5%. Die Umsatzsteuer wird wie in Deutschland landesweit einheitlich mit 21% berechnet.[177]

Brasilien hat sich auf politischer Ebene zum „Global Player" entwickelt. Das außenpolitische Handeln ist in geografischer, institutioneller, thematischer und instrumenteller Hinsicht umfangreicher geworden. In den letzten Jahren weitete das Land seinen Einfluss in den internationalen Institutionen und Organisationen strategisch aus, z. B. als Kritiker der G 8 und Unterstützer der G 20.Vom ehemaligen Schuldner wandelte sich Brasilien zum Geberland des IMF und stärkte so seine Verhandlungsposition nachhaltig. Im Jahr 2011 verfügte das Land über Währungsreserven von knapp 300 Mrd. USD und beteiligte sich vor kurzem an der finanziellen Rettung Griechenlands.[178]

---

[176] Vgl. Konrad Adenauer Stiftung, Wesemann (2013a), Internetquelle.
[177] Vgl. Aussenwirtschaft Austria/IHK Bayern (2012), Internetquelle.
[178] Vgl. Konrad Adenauer Stiftung, (2013b), Internetquelle.

Die wirtschaftspolitischen Schwerpunkte legt das Land auf andere Staaten in Südamerika und räumt dabei der regionalen Integration eine Priorität ein. Die wichtigsten regionalen Organisationen sind der MERCOSUR und die politische Gemeinschaft UNASUR. Weiterhin gehört Brasilien zu den Initiatoren der 2010 gegründeten Gemeinschaft Lateinamerikanischer und Karibischer Staaten (CELAC). Die regionalen Integrationsbemühungen bilden die Grundlage für eine engere wirtschaftliche Zusammenarbeit und die grenzüberschreitende Erschließung wirtschaftlicher Ressourcen. Besonders die Beziehung zur EU ist für Brasilien von großer Bedeutung. Die EU war im Jahr 2011 der größte Handelspartner mit einem Volumen von 76,5 Mrd. EUR. Brasilien und die EU verbindet eine „strategische Partnerschaft." So finden jährliche Gipfeltreffen und politische Besuche zwischen Brasilien, dem EP und der EU-Kommission statt. Bei den Wirtschaftsbeziehungen sind aus brasilianischer Sicht vor allem der Marktzugang und Subventionen bei Exporten von landwirtschaftlichen Produkten und Biotreibstoffen interessant. Auf EU-Seite interessant sind Forderungen nach mehr Zugang für die EU-Exportwirtschaft, wie etwa der Abbau tariflicher Handelsbehinderungen des Exports von Industriegütern. Die EU strebt mit Brasilien ein Assoziierungs- und Präferenzabkommen an, bei dem die genannten Forderungen verhandelt werden sollen.

Brasilien ist mit der Schlüsselstellung in Südamerika und für einige Partnerstaaten in Afrika ein gewichtiges Mitglied der internationalen Gemeinschaft. Zu den Zielen des Landes zählt eine verbesserte Repräsentativität im Sicherheitsrat (mehr Sitze für die sich entwickelnde Welt) und in der internationalen Gemeinschaft.[179]

Brasilien hat ein sehr komplexes Steuersystem. Steuerhoheit haben ähnlich wie in Deutschland alle Gebietskörperschaften, also Union, Bundesstaat und Gemeinde. Generell sind indirekte Steuern für Waren sehr hoch, für Dienstleistungen dagegen sehr moderat. Die direkte Unternehmensbesteuerung ist kasuistisch geregelt, d.h. es wird ein möglicher Pauschalsteuersatz auf den Umsatz erhoben. Versteuert wird nach der Gewinnermittlungsmethode „lucro presumido" Bei der Einfuhr von Waren wird nicht nur der eigentliche Zoll erhoben („Imposto do Importação"), sondern auch weitere Einfuhrabgaben (AFRMM, Nebengebühren und vier Einfuhrumsatzsteuern: IPI, PIS, COFINS, ICMS).

---

[179] Vgl. Auswärtiges Amt (2013d), Internetquelle.

Es ergibt sich folgende Auflistung:

Direkte Steuern:

- IRPJ (Körperschaftssteuer) - Imposto de Renda de Pessoa Jurídica
- CSLL (Bundessozialabgabe) – Contribuição Social sobre o Lucro Líquido

Indirekte Steuern:

- IPI
- PIS/PASEP
- COFINS
- ICMS

Wie in Abbildung 40 zu sehen ist bei den direkten Steuern die Körperschaftssteuer IPRJ nach dem Grenzsteuerprinzip in zwei Sätze gestaffelt. Die CSLL ist mit 9% fix.

Abbildung 40: Unternehmenssteuern Brasilien

IRPJ für Gewinn bis BRL 240.000/Jahr	15%
IRPJ für Gewinnanteil über BRL 240.000,00/Jahr	25%
Bundessozialabgabe CSLL	9%
daher Grenzsteuersatz	34%

180

Die Umsatzsteuern PIS/PASEP und COFINS sind der Union zugeordnet und werden monatlich auf den Unternehmensumsatz erhoben. Wie in Abbildung 41 dargestellt, bestehen zwei verschiedene Systeme.

Abbildung 41: Umsatzsteuern Brasilien

Übersicht

System	Abgabensatz	Kosten & Ausgaben	
Kumulativ	0,65 (PIS) und 3% (Cofins)	Nicht verrechenbar	Zwingend vorgesehen für „Lucro Presumido", Finanzinstitute und andere
Auf den Mehrwert	1,65% (PIS) und 7,6% (Cofins)	verrechenbar	bei Tochterfirmen ausländischer Unternehmen fast immer

181

Nach dem ursprünglichen Modell werden PIS und CONFINS kumulativ mit einem Steuersatz von 0,65% (PIS) und 3% (CONFINS) erhoben. Das kumulative System ist für Unternehmen vorgesehen, die das „Lucro Presumido"-System zur Gewinnermittlung wählen. Nach dem neuen Modell werden PIS und CONFINS zwischen

---

[180] Abbildung aus Aussenwirtschaft Austria/IHK Bayern (2013), Internetquelle.
[181] Abbildung aus Aussenwirtschaft Austria/IHK Bayern (2013), Internetquelle.

1,65% und 7,6% als Mehrwertsteuer mit Vorsteuerabzugsmodell erhoben. Alle Tochterunternehmen ausländischer Firmen versteuern nach diesem Prinzip.

Die Industriesteuer IPI (Imposto sobre Productos Industrializados) ist eine Bundessteuer, die auf die Produktion und den Import von Gütern erhoben wird. Der Steuersatz hängt von der Klassifizierung des Produktes ab. Diese ist in einer Steuertabelle festgesetzt.[182] Durch die Absenkung der IPI-Steuer bis Ende 2013, soll der Kfz-Markt kräftig expandieren.

Die Außenpolitik von Mexiko wird von den grundlegenden Prinzipien der Nichteinmischung, des Selbstbestimmungsrechts, der friedlichen Lösung von Konflikten und der Abrüstung bestimmt. In Fragen von globaler Bedeutung engagiert sich Mexiko zunehmend, wie z. B. auf der Klimakonferenz 2010 in Cancún oder hinsichtlich der G 20-Präsidentschaft. Die Regierung bekennt sich im internationalen Kontext zu Menschenrechten, Demokratie und Rechtsstaatlichkeit. Mit seiner Wirtschaftskraft, der G-20 Mitgliedschaft und der geostrategischen Lage zwischen den USA und Lateinamerika (sowie Atlantik und Pazifik), besitzt Mexiko internationales Gewicht. Seit Abschluss des NAFTA-Abkommens 1994 und dem Beitritt zur OECD, verfolgt Mexiko eine Politik der Öffnung und Integration in den Weltmarkt.[183]

Die seit Dezember 2012 amtierende neue Regierung unter Enrique Peña Nieto, hat sich ehrgeizige Ziele gesetzt. So sollen steuerliche Begünstigungen abgebaut, der informelle Beschäftigungssektor verringert und die vielfältigen Unterstützungsprogramme überprüft sowie wirtschaftliche Monopolstellungen eingeschränkt werden.[184] Die mexikanische Regierung verstärkte ihre bilateralen Kontakte in Lateinamerika und gehört zu den Initiatoren der CELAC (Comunidad de Estados Latinoamericanos y Caribenos). Wichtige Themen sind die Bekämpfung der organisierten Kriminalität, vor allem die von mexikanischen Kartellen ausgehenden Risiken für die Nachbarstaaten und die Migration von Zentral- und Südamerikanern nach USA über Mexiko. Zahlreiche regionale Freihandelsabkommen, wie z. B. die Pazifik-Allianz mit Chile, Kolumbien und Peru, unterstreichen Mexikos Interesse an Freihandel. Das Verhältnis zu den USA erreichte mit Inkrafttreten des Freihandelsabkommens NAFTA, den Höhepunkt des wirtschaftlichen Annäherungsprozesses. In die USA gehen knapp 80% der mexikanischen Exporte, das ist ein Viertel des BIP Mexikos. Außer-

---

[182] Vgl. Aussenwirtschaft Austria/IHK Bayern (2013), Internetquelle.
[183] Vgl. Auswärtiges Amt (2013f), Internetquelle.
[184] Vgl. Konrad Adenauer Stiftung (2012), Internetquelle.

dem kommen 65% der Auslandsinvestitionen aus dem nordamerikanischen Raum. Bei der gemeinsamen Bekämpfung des Drogenhandels wurden bereits Fortschritte erzielt. Allerdings drängt Mexiko die USA auf stärkere Kontrollen von Waffenverkäufen, die Eindämmung des Drogenkonsums, sowie die Bekämpfung der Geldwäsche durch mexikanische Kartelle in den USA. Mit der EU werden neben Handels- und Kooperationsvereinbarungen auch politische Dialoge gesucht. Seitdem die EU im Jahr 2008 Mexiko zum strategischen Partner erklärte ist die Bedeutung des Verhältnisses gestiegen. Seit dem Jahr 2000 ist Mexiko mit der EU durch ein Freihandelsabkommen, im Rahmen eines Globalabkommens, mit dem Ziel der NAFTA-Parität assoziiert. Beide Seiten streben eine Ausweitung dieses Abkommens an.[185]

In Mexiko werden auf bundesstaatlicher und auf lokaler Ebene Steuern erhoben. Zu den wichtigsten bundesstaatlichen Steuern zählen die Einkommenssteuer (Impuesto sobre la Renta), die im Jahr 2008 eingeführte Unternehmenssteuer (impuesto Empresarial a Tasa Unica) und die Umsatzsteuer (Impuesto al Valor Agregado). Auf lokaler Ebene zählen zu den wichtigsten Steuern, die Grunderwerbssteuer (Impuesto sobre adquisición de inmuebles), die Steuer auf Gehaltszahlungen (Impuesto sobre Nóminas o por Remuneración al Trabajo Personal Subordinado) und die Grundstückssteuer (Impuesto predial).

Die Unternehmensbesteuerung in Mexiko erfolgt rechtsformunabhängig, d.h. der Steuersatz ist für alle Rechtsformen gleich. Der Körperschaftssteuersatz (Impuesto sobre la Renta) beträgt seit dem Jahr 2014 28%. Der Besteuerungszeitraum ist das Kalenderjahr. Abweichungen sind nur bei Gesellschaftsgründungen, -schließungen oder Zusammenschlüssen möglich. Tochtergesellschaften internationaler Konzerne, die ein abweichendes Geschäftsjahr haben, müssen i. d. R. zweimal einen Jahresabschluss erstellen. Natürliche Personen und Unternehmen unterliegen mit ihrem gesamten weltweit während eines Geschäftsjahres erzielten Einkommen der Einkommenssteuer. Steuerlich anrechenbar sind u. a. durch das Unternehmen getätigte Investitionen. Die Ausgaben müssen im Einzelnen belegt und ordnungsgemäß verbucht werden. Geschäfte zwischen verbundenen Unternehmen müssen dem Drittvergleich entsprechen, d. h. das Geschäft muss denselben Verrechnungspreis haben, als wenn die Unternehmen nicht verbunden gewesen wären. Die Dokumentation muss Angaben über die Struktur der Unternehmensgruppe, die Risikoverteilung sowie die Methoden zur Bewertung der Transaktionen enthalten.

---

[185] Vgl. Auswärtiges Amt (2013f), Internetquelle.

In Abbildung 42 ist dargestellt, wann Unternehmen einer steuerlichen Prüfungspflicht unterliegen, wenn eines der Merkmale im Vorjahr überschritten wurde. Die Prüfung erfolgt durch einen Wirtschaftsprüfer und ist vergleichbar mit einer Jahresabschlussprüfung.

Abbildung 42: Größenmerkmale der Steuerpflicht Mexikos

Umsatz	34.803.950 MXN (ca. 2 Mio. EUR; Juni 2010)
Bilanzsumme	69.607.920 MXN (ca. 4 Mio. EUR; Juni 2010)
Arbeitnehmerzahl:	300 Personen

[186]

Die Unternehmenssteuer IETU (Impuesto Empresarial a Tasa Unica) wird seit dem Jahr 2008 erhoben. Abhängig von der Einkommenshöhe wird die Einkommenssteuer oder die IETU geschuldet. Wäre die geschuldete Einkommenssteuer niedriger, ist als Mindestbetrag die IETU zu zahlen; wäre die geschuldete Einkommenssteuer höher, so ist deren Betrag zu entrichten. Der IETU-Steuersatz liegt bei 17,5% (Stand 2010). Der Besteuerungszeitraum ist das Geschäftsjahr. Zur Zahlung der IETU sind natürliche und juristische Personen verpflichtet, die in Mexiko ansässig sind sowie Personen im Ausland ansässige Personen, die in Mexiko eine Betriebsstätte besitzen. Die IETU ist fällig bei:
- der Veräußerung von Gütern
- der Erbringung von Dienstleistungen
- der Erteilung von Nutzungsrechten

Die Umsatzsteuer IVA (Impuesto al Valor Agregado) ist im Umsatzsteuergesetz geregelt. Der Steuersatz liegt bei 16%, in Grenzregionen bei 11% (Stand 2010). Die Verpflichtung zur Zahlung der Umsatzsteuer betrifft alle natürlichen und juristischen Personen. Auf den tatsächlichen Wohnsitz kommt es dabei nicht an. Die IVA wird angewendet bei:
- der Veräußerung von Gütern
- der Erbringung von Dienstleistungen
- der zeitweiligen Erteilung von Nutzungsrechten
- der Import und Export von Gütern und Dienstleistungen

---

[186] Abbildung aus Aussenwirtschaft Austria/IHK Bayern (2011).

Die Steuer auf Gehaltszahlungen betrifft alle natürlichen und juristischen Personen, die ihren Arbeitnehmern Gehälter zahlen. Darunter fallen auch die Bezahlung von Überstunden, Boni, Weihnachtsgelder etc. Einzahlungen in die Pensionskasse und die Sozialversicherung sind nicht erfasst. Der Steuersatz beträgt 2.5% auf alle Gehaltszahlungen, die innerhalb eines Monats getätigt werden.[187]

5.1.3 Liefermöglichkeiten und Infrastruktur

Für das Jahr 2014 plant Argentinien mit einer Zunahme des öffentlichen Investitionsbudgets um 10,5% auf 97,5 Mrd. arg. Pesos. Zwei Drittel davon entfallen auf Überweisungen an die Provinzen und öffentliche Institutionen; Investitionen von 27 Mrd. sollen von der Zentralverwaltung durchgeführt werden. Schwerpunkte der öffentlichen Investitionen sind der Straßenbau (59% der für 2014 geplanten Ausgaben) und die soziale Infrastruktur (24%). Zusätzlich zum genannten Budget möchte die Regierung Kredite im Wert von 34,1 Mrd. USD aufnehmen, um diverse Infrastrukturprojekte zu finanzieren. Ob diese Kredite tatsächlich bewilligt werden ist zweifelhaft. Der Anteil der öffentlichen Investitionen an den Gesamtausgaben Argentiniens ist von 9% (2002) auf 20% im Jahr 2011 gestiegen. Bei den Bauinvestitionen dürfte der Staatsanteil noch höher liegen.

Für den Straßenbau sind im Haushaltsentwurf 2014 Investitionen von 16,7 Mrd. argentinische Pesos geplant. Im Investitionsplan von 2013 bis 2015 sind insgesamt 32,6 Mrd. argentinische Pesos angesetzt; davon 22,5 Mrd. in den Jahren 2014 und 2015. Dazu kommen die Ausgaben der einzelnen Provinzen und Gemeinden. Die Stadt Buenos Aires plant ein Netz von gesonderten Busfahrbahnen (Metrobus). Für das angelaufene Projekt sind 2014 Investitionen von 350 Mrd. argentinische Pesos kalkuliert.

Das Fernstraßennetz in Argentinien umfasst rund 39.000 km Nationalstraßen, von denen 88% asphaltiert sind, sowie 189.000 km Provinzstraßen von denen 23% asphaltiert sind. Rund 9.200 km Autobahnen und Landstraßen werden durch Konzessionäre im Mautsystem verwaltet. Da die Mautgebühren dem Preis- und Kostenanstieg nicht angepasst wurden, sind die Konzessionäre nicht in der Lage, Investitionen zu finanzieren. Dadurch konnte ein halbes Dutzend Vorhaben für den Ausbau des Straßennetzes bisher nicht umgesetzt werden. Die Durchführung dieser Investitionen

---

[187] Vgl. Aussenwirtschaft Austria/IHK Bayern (2011), Internetquelle.

obliegt deshalb wieder dem Staat. Ein Beispiel für den Ausbau des Straßennetzes, ist der Bau einer 117 km langen Autobahnverbindung zwischen La Plata und San Isidro, welche die Hauptstadt Buenos Aires umgehen soll (Autopista Juán Domingo Perón). Es ist die Fortsetzung der Autobahn Camino del Buen Ayre und soll zum dritten Umgehungsring in Buenos Aires werden.

Die Infrastruktur der Eisenbahn und Metro ist zum Schwerpunkt der Regierungspolitik geworden. Ein Beispiel zum Ausbau der Metro, ist der Ausbau der U-Bahn Linie H, der 2015 abgeschlossen sein soll. Für 2014 sind an Gesamtausgaben für die städtischen U-Bahnen 1,7 Mrd. arg. Pesos vorgesehen. Ein weiteres Großprojekt ist der Bau eines Eisenbahntunnels mit einer Länge von 52 km, der die Länder Argentinien und Chile miteinander verbinden soll. Bislang wird das Transport-aufkommen über einen nicht ganzjährig nutzbaren Straßenpass über die Anden abgewickelt. Mit dem Bau des Eisenbahntunnels könnte sich das Transport-aufkommen erhöhen. Bei einer angesetzten Bauzeit von 10 Jahren, addieren sich die Gesamtinvestitionen dieses Projektes auf 3 Mrd. USD.

Für den Bereich der Trinkwasserversorgung und Kanalisation hat die argentinische Regierung Investitionen von 8,3 Mrd. arg. Pesos für 2014 vorgesehen. Allein für den Großraum Buenos Aires plant das staatliche Unternehmen AySA 4,5 Mrd. arg. Pesos für die Trinkwasseraufbereitung.[188]

Im Energiesektor befinden sich mit die wichtigsten Investitionsprojekte der Regierung. Vorgesehen ist der Bau der Wasserkraftanlagen Dr. Néstor Kirchner (vormals Cóndor Cliff), Gobernador Jorge Cepernic (vormals La Barrancosa) und weitere kleinere Wasserkraftwerke mit einer Gesamtinvestitionssumme von rund 7 Mrd. USD. Für diese Großprojekte interessieren sich die beiden brasilianischen Baukonzerne Carnargo Correa und Odebrecht, sowie chinesische und argentinische Unternehmen. Für jene Bauvorhaben müssen Bewerber 50% der Finanzierung, der auf 4,6 Mrd. USD angesetzten Kosten aufbringen. Die Partizipation argentinischer Unternehmen muss mindestens 30% betragen. Für den Ausbau der Atomenergie plant die Regierung ab 2014 Kosten von bis zu 4,2 Mrd. USD. Beabsichtigt sind der Bau eines neuen Atomkraftwerkes und die Verlängerung der Laufzeit des AKW Embalse (Provinz Córdoba). Für den Ausbau der Erdgasversorgung wird ab dem Jahr 2014 mit einem Investitionsvolumen von 5,3 Mrd. USD gerechnet. Im Bergbau-Sektor werden

---

[188] Vgl. Germany Trade & Invest (2013j), Internetquelle.

in den nächsten 10 Jahren Investitionen von mehr als 25 Mrd. USD erwartet.[189] In Argentinien existieren 9,7 Mio. Festnetzanschlüsse. Die führenden Festnetzbetreiber sind Télefonica Argentina und Telecom Argentina. Ferner gibt es in Argentinien rund 60 Mio. Mobilfunkanschlüsse. Die Unternehmen Claro (América Movil), Personal (Telecom Argentina) und Movistar (Telefónica) sind in dieser Rubrik führend. Trotz der hohen Dichte an Telekommunikation besteht eine mangelhafte Qualität der Dienste. Die Regierung übt deshalb Druck auf die Unternehmen aus, die Infrastruktur zu verbessern und zu erweitern, so dass für das Jahr 2013 die Branchenunternehmen Investitionen von insgesamt 8,5 Mrd. arg. Pesos angekündigt hatten.[190]

Die wichtigsten Infrastrukturprojekte sind in der folgenden Abbildung 43 aufgelistet. Der in Brasilien angestrebte Ausbau der Infrastruktur mit Beteiligung des Privatsektors läuft langsamer als geplant. Die vielen Konzessionen für Straßen, Bahnstrecken, Flughäfen und Häfen treffen auf wenig Interesse. Das Konzessionspaket für die Logistikinfrastruktur von rund 240 Mrd. Real, läuft nur langsam an und zieht Kritik auf sich. Die Investitionsanreize für private Akteure scheinen noch nicht ausgereift. Ein negatives Beispiel ist die Autobahnstrecke BR 262 zwischen Minas Gerais und Espiritu Santo, an deren Konzessionsvergabe sich im September 2013 kein Bieter beteiligte. Auch bei den 13 für die Konzessionierung ausgewählten Bahnstrecken, halten sich private Investoren wegen der schwer einzuschätzenden Bürokratie zurück. Dagegen ist die Hafeninfrastruktur auf dem Vormarsch. Im Juli 2013 startete der Bau von 50 neuen Terminals im Wert von 11 Mrd. Real. Anfang August 2013 wurde angekündigt 12 private Terminals zu bauen und die Kapazitäten von zwei weiteren Häfen zu vergrößern. Die Gesamtinvestitionen liegen bei rund 5 Mrd. Real.
Auch auf dem Flughafen-Sektor sind Investitionsanreize vorhanden. Am 22. November 2013 stehen die Flughäfen Galeão in Rio de Janeiro und Confins in Belo Horizonte für die Konzessionierung an mit einer Investitionssumme von 5,8 Mrd. Real bzw. 3,6 Mrd. Real. Landesweit sollen 7,2 Mrd. Real in den Ausbau von 45 regionalen Flughäfen fließen. Ferner ist der Bedarf an Umwelttechnik hoch. Die Mehrheit der Haushalte besitzt keinen Zugang zum Abwassersystem und nur rund 38% des Abwassers werden geklärt. Die brasilianische Regierung entwickelte vor ca. 20 Jahren Plansab; einen nationalen Plan für die Wasser- und Abfallwirtschaft. Plansab sieht

---

[189] Vgl. AHK Camara de Industria y Comercio Argentino Alemana (2012), Internetquelle.
[190] Vgl. Germany Trade & Invest (2013j), Internetquelle.

bis zum Jahr 2033 Investitionen von 298 Mio. Real durch die Regierung und 210 Mio. Real durch die Bundesstaaten, Kommunen und Unternehmen vor. In der Stadt Rio de Janeiro wurden beispielsweise mit privaten Akteuren 1,5 Mrd. Real in ein neues Abwasser-netz investiert.

In der Stromwirtschaft wird das Energieministerium bis zum Jahr 2017 Projekte im Wert von 148 Mrd. Real vergeben, davon 120 Mrd. Real für die Energieerzeugung, mit Priorität auf erneuerbare Quellen. Auch in der Telekommunikation stehen umfangreiche Investitionen an. So soll die WM 2014 das erste globale Event mit 4G-Netz (die neueste Handynetz-Technologie und Weiterentwicklung von UMTS) werden. Das anvisierte Ziel ist bis Ende 2013 die Marke von 4 Mio. Nutzern mit 4G-Technologie zu übertreffen. Die durchschnittlichen Investitionen der Mobilfunkunternehmen werden von Branchenexperten auf 25 Mrd. Real pro Jahr geschätzt.

Abbildung 43: Die zukünftig größten Infrastrukturvorhaben Brasiliens

Ausgewählte Großprojekte in Brasilien in Planungs- oder Anfangsphase

Vorhaben	Investitionssumme	Projektstand	Anmerkungen
Ausbau Telekommunikationsnetz, Aufbau 4G-Netz	200 Mrd. R$ bis 2018	Lizenzen versteigert	Starke Engpässe im Mobilfunk
Regionalzugnetz Bundesstaat Sao Paulo	18,5 Mrd. R$	Planungsphase	Santos, Sorocaba e Jundiaí
Wasserkraftwerkkomplex São Luiz de Tapajós	14 Mrd. R$	Planungsphase	Sieben Staudämme, Wasserkraftwerke mit 14 GW
U-Bahn-Linie 6 (Orange) São Paulo, Bandeirantes-Cidade Lider	8 Mrd. R$	Enteignungen, Linie soll bis 2019 fertig sein	Als PPP geplant, aber bei Ausschreibung im August 2013 keine Interessenten
U-Bahn-Linie 2 (Grün), São Paulo, Verlängerung in beide Richtungen	7,8 Mrd. R$	Planungsphase	Stücke Vila Madelena-Cerro Corá und Vila Prudente-Dutra

[191]

Um wettbewerbsfähig zu bleiben, muss Brasilien seine Infrastruktur weiter ausbauen. Schwerpunkte sind die dringend benötigte Modernisierung von Flughäfen, die elektronisch gesteuerten neuen BRT-Buskorridore, die neuen U-Bahnlinien, die Erarbeitung von Verkehrskonzepten für die Stadtmetropolen unter Einbeziehung der Vorstadtsiedlungen sowie die Verringerung der Armenviertel.[192]

---

[191] Abbildung aus Germany Trade & Invest (2013k), Internetquelle.
[192] Vgl. Germany Trade & Invest (2013k), Internetquelle.

In Mexiko hat die neue Regierung unter Enrique Peña Nieto, die seit Dezember 2012 im Amt ist, ihr Infrastrukturprogramm (Programa de Inversiones en Infraestructura de Transporte y Comunciaciones 2013 bis 2018) für die Amtsperiode vorgestellt. Darin sind neben Projekten zum Ausbau der Telekommunikation im Wert von 39,4 Mrd. EUR auch 210 Vorhaben in der Transportinfrastruktur für 32,8 Mrd. EUR enthalten. Zusätzlich wird in die Instandsetzung der Verkehrsinfrastruktur investiert, die im September 2013 durch starke Regenfälle in den Bundesstaaten Guerrero, Michoacan und Oaxaca zerstört worden ist. Das Infrastrukturprogramm umfasst 111 als strategisch erachtete Projekte, welche die Infrastrukturressorts ausgewählt haben. Nach Aussage des Präsidenten könnten die Investitionen noch höher ausfallen, wenn die geplante Steuerreform, die Anfang August 2013 vorgestellt wurde, umgesetzt wird. Die neue Regierung legt besonderes Gewicht auf den Bahnbau, Häfen und mautfreie Straßen.[193]

Vor allem in Stadtgebieten sollen Bahntunnel und Umgehungsstrecken gebaut werden, um den Bahnverkehr schneller und wettbewerbsfähiger zu machen.

Im November 2013 hat die mexikanische Regierung im Wahlkampf drei Bahnprojekte versprochen, die bis zum Ende der Amtsperiode 2018 abgeschlossen sein sollen. Die Bahnstrecke zwischen Mexiko Stadt und Toluca ist das anspruchsvollste Projekt unter den drei geplanten Bahnstrecken. Bei einer Strecke von 58 km auf steilem Terrain sind 35 Mrd. mexikanische. Pesos als Baukosten veranschlagt. Im Jahr 2014 könnte die Ausschreibung der Strecke Mexiko-Stadt nach Querétaro folgen. Aufgrund der gleichmäßigeren Topografie sind bei einer Strecke von 209,2 km die Baukosten mit 42 Mrd. mexikanischen Pesos vergleichsweise gering. Als dritte Bahnstrecke (Tren Transpensinular) ist eine Strecke von Mérida nach Punta Venado auf die Yucatan-Halbinsel vorgesehen. Eine Variante nach Cancún ist geplant. Dazu kommt der Ausbau von Metrolinien in den Stadtmetropolen Guadalajara und Monterrey.[194]

In den Hafenbau will die neue Regierung 50% mehr als die Vorgänger investieren. Die Hafenkapazitäten des Landes sollen bis 2018 verdoppelt werden, um ein BIP-Wachstum von 6% zu erreichen. Das Hauptprojekt, der Neubau eines Hafens in Veracruz, steht jedoch in Frage, da das Umweltministerium wegen möglicher Beschädigungen von Korallenriffen noch nicht seine Zustimmung gegeben hat.

---

[193] Vgl. Germany Trade & Invest (2013l), Internetquelle.
[194] Vgl. Germany Trade & Invest (2013m), Internetquelle.

Im Energiesektor strebt die Regierung eine Liberalisierung der Stromerzeugung, sowie den Ausbau des Stromnetzes an. Dazu kommen private Beteiligungsmöglichkeiten in der Erdölförderung und -verarbeitung. Der Reformprozess ist langwierig. Das Energieministerium (Secretaria de Energía) hat zukünftig die Ausschreibung von acht Kraftwerken mit einer Leistung von 3.145 MW und Kosten von ca. 3,4 Mrd. EUR angekündigt. Im Wassersektor sind 35,4 Mrd. EUR an Investitionen vorgesehen, um die Wassernetze zu erweitern und zu erneuern.[195]

5.1.4 Personalkosten und Qualifikationsniveau

Die Lage auf dem argentinischen Arbeitsmarkt hat sich in den letzten Jahren angespannt. Die Lohnkosten sind deutlich gestiegen und das Fachpersonal ist knapp.[196] Dabei steigen die inländischen Preise und Kosten deutlich schneller als der Wechselkurs des arg. Peso, vor allem gegenüber dem US-Dollar. Zur Jahresmitte 2011 stiegen die Verbraucherpreise nach Schätzungen um ca. 23,6%, der Lohnanstieg in der Privatwirtschaft war mit 33,6% höher, während die Abwertung gegenüber dem US-Dollar bei lediglich 4,6% lag.[197]

Die stark gestiegenen Arbeitskosten konnten durch Steigerung der Produktivität teilweise aufgefangen werden. In Abbildung 44 ist die Entwicklung der durchschnittlichen monatlichen Arbeitskosten in der verarbeitenden Industrie aufgelistet. Demnach stellte das Wirtschaftsforschungsinstitut FIEL von 2003 bis 2012 auf US-Dollar-Basis eine Steigerung der Löhne um 324% fest. Die Arbeitsproduktivität nahm im selben Zeitraum um 55%, die Lohnstückkosten nahmen um 228% zu.

---

[195] Vgl. Germany Trade & Invest (2013l), Internetquelle.
[196] Vgl. Germany Trade & Invest (2013n), Internetquelle.
[197] Vgl. Germany Trade & Invest (2011a), Internetquelle.

Abbildung 44: Arbeitskosten und Produktivität in der argentinischen Industrie von 2003 bis 2012

Arbeitskosten und Produktivität in der Industrie

Jahr	Monatliche Arbeits-kosten in US$ 1)	Arbeitsproduktivität 2)	Lohnstückkosten in US$ 3)
2003	463	116,8	100,0
2007	849	134,1	192,2
2011	1.646	177,3	281,9
2012	1.962	180,8	327,9

1) Jahresdurchschnitt; 2) Index (1997 = 100; Produktionsvolumen je geleistete Arbeitsstunde); 3) Index (2003 = 100; zu laufenden Preisen)
[198]

Seit 2003 stiegen die Löhne und Gehälter jährlich mit zweistelligen prozentualen Zuwachsraten; je nach Branche nahmen die Tariflöhne um 23 bis 35% zu. Lt. INDEC haben die Löhne im Jahr 2012 durchschnittlich um 24,5% zugenommen. Der Zuwachs der registrierten Arbeitnehmer im Privatsektor belief sich auf 24,8%; informell beschäftigte Arbeitnehmer erreichten 2012 einen Zuwachs von 33,5%.[199]

In Argentinien wird das Jahresgehalt (Sueldo Anual Complementario) in 13 Monatsgehältern, davon ein Weihnachtsgeld, ausgezahlt. Das Weihnachtsgeld wird zu 50% im Juni und zu 50% im Dezember bezahlt. Die Wochenarbeitszeit beträgt im Durchschnitt 48 Stunden. Es darf maximal 9 Stunden täglich und Samstag nicht länger als 13 Uhr bis gearbeitet werden. Der bezahlte Mindesturlaub beträgt 14 Tage. Ab einer Betriebszugehörigkeit von 5 Jahren steigt dieser exponentiell an.[200]

Als Kostenvergleich für den Unternehmer sind in Abbildung 45 die Sozialabgaben auf Arbeitgeber- und Arbeitnehmerseite veranschaulicht. Demnach machen die Anteilkosten für Pensions- und Sozialversicherung für den Arbeitgeber den größten Anteil aus (17%). Die Sozialabgaben für Krankenversicherung (6%) und die gesetzliche Unfallversicherung (2-3%) sind relativ gering.[201]

---

[198] Abbildung aus Germany Trade & Invest (2013n), Internetquelle.
[199] Vgl. Germany Trade & Invest (2013n), Internetquelle.
[200] Vgl. Rödl & Partner (2008), Internetquelle.
[201] Vgl. Aussenwirtschaft Austria/IHK Bayern (2012), Internetquelle.

Abbildung 45: Sozialabgaben in Argentinien

	Arbeitgeberbeitrag	Arbeitnehmerbeitrag
- Pensions- und Sozialversicherung	17,0 %	14,0 %
- Krankenversicherung	6,0 %	3,0 %
- Gewerkschaft	-	freiwillig 2,0 - 2,5 %)
- Gewinnsteuer	-	siehe Lohnsteuer
- gesetzliche Unfallversicherung ART	2,0 - 3,0 % (je nach Branche)	
INSGESAMT	**25,0 - 26,0 %**	**17,0 %**

202

Im Vergleich zu anderen Ländern Lateinamerikas sind argentinische Arbeitskräfte gut ausgebildet, allerdings fehlen Facharbeiter wie Ingenieure oder Techniker. Die Einschreibquote liegt lt. der Weltbank bei 71% und ist damit deutlich über dem Durchschnitt in Lateinamerika (39%).[203] Ein Ziel der bilateralen Beziehungen zwischen Argentinien und Deutschland ist die enge Zusammenarbeit in Wissenschaft, Forschung und akademischer Lehre. So wurde im Jahr 2010 das DAHZ (Deutsch-Argentinisches Hochschulzentrum) gegründet, das binationale Studienprogramme mit Doppelabschluss fördert.[204]

Nach zuletzt gedämpfter Konjunktur bleibt der brasilianische Arbeitsmarkt angespannt. Die Reallöhne nehmen zu und im Wettbewerb um Fachkräfte steigt die Fluktuation. Eine allgemein geringe Qualifikation und mangelhafte Bildung mindern den Produktivitätsfaktor der Arbeit. Um die Arbeitskosten zu reduzieren, verzichtete der Staat 2013 in 40 Sektoren auf Beiträge zur Sozialversicherung.
Die Wettbewerbsnachteile der brasilianischen Hersteller verschärfen sich, aufgrund steigender Löhne, der immer höheren Fluktuation und der niedrigen Produktivität, was die Arbeitskosten hochtreibt. Wegen des knappen Arbeitsangebots werben Arbeitgeber mit hohen Prämienzahlungen, Beförderungen, betriebsinternen Schulungen und Maßnahmen zur Personalbindung. Als Folge steigen die Kosten im Human Resource Bereich.Die Arbeitsnachfrage ist so hoch, dass qualifizierte Arbeitnehmer teilweise ein höheres Einkommen haben als in Westeuropa. In der Abbildung 46 ist die Entwicklung der durchschnittlichen Bruttomonatslöhne aufgelistet. Von 2009 bis 2011stieg der durchschnittliche Bruttolohn von 1.595 Real auf 1.902 Real an.[205]

---

[202] Abbildung aus Aussenwirtschaft Austria/IHK Bayern (2012), Internetquelle.
[203] Vgl. Germany Trade & Invest (2013n), Internetquelle.
[204] Vgl. Auswärtiges Amt (2013g), Internetquelle.
[205] Vgl. Germany Trade & Invest (2012b), Internetquelle.

Abbildung 46: Entwicklung der durchschnittlichen Bruttomonatslöhne 2009 bis 2011 in Brasilien

Entwicklung der durchschnittlichen Bruttomonatslöhne

	2009	2010	2011
Nominallohn (in R$) 1)	1.595	1.742	1.902
Nominallohn (in Euro) 2)	576	748	816
reale Veränderung (in %) 3)	2,5	2,6	2,9

1) Durchschnitt der nominalen Lohnzahlungen im Dezember des jeweiligen Jahres inklusive Prämien und Sonderentlohnung ohne Weihnachtsgeld; 2) entsprechend EZB-Jahresdurchschnitt; 3) real gegenüber Vorjahr bezogen auf Landeswährung
[206]

Die höchsten Entgelte in Brasilien werden in der Region Sao Paulo gezahlt, ähnlich wie in anderen Städten im Süden. Deutlich geringere Gehälter werden in Rio de Janeiro gezahlt. In Städten wie z. B. Belo Horizonte, liegt das Entgeltniveau nur noch bei 60% von Sao Paulo.[207] Brasilianische Unternehmen bieten hohe soziale Zusatzleistungen, da auf diese keine Sozialversicherungsbeiträge angerechnet werden. für Angestellte wird daher i. d. R. eine private Krankenversicherung abgeschlossen. Wegen der angesprochenen hohen Fluktuation werden als Maßnahme der Personalbindung, Lohnbestandteile immer wichtiger. Sie sollen einen langfristigen Nutzen bieten und Talente an das Unternehmen binden.[208]

Nach dem Arbeitsrecht, das verfassungsrechtlich gesichert ist, besteht in Brasilien ein Anspruch auf ein volles 13. Monatsgehalt bzw. Weihnachtsgeld (13° salário, gratificacao de Natal). Dieses ist abhängig von der Dauer der Beschäftigung und am Jahresende vom Arbeitgeber auszuzahlen. Das Weihnachtsgeld unterliegt ebenfalls den brasilianischen Sozialabgaben INSS. Auch auf Urlaubsgeld (terco constitucional) besteht ein für Brasilianer. Es beträgt ein Drittel des Monatsgehalts und wird bei Urlaubsantritt des Arbeitnehmers ausgezahlt. Der Urlaubsanspruch pro Jahr beträgt 30 Kalendertage. Wochenenden und Feiertage, die in den Urlaubszeitraum fallen, werden ebenfalls gezählt und vom verbleibenden Urlaub abgezogen. Weitere Zusatzleistungen wie Nachtzuschlag, Sonderzuschläge, Gewinnbeteiligungen, Fahrtkosten (vale transporte), Sachleistungen, Essenszuschüsse (vale alimentacao) und gegeben falls eine private Altersvorsorge sind üblich und vom Arbeitgeber zu tragen. So er-

---

[206] Abbildung aus Germany Trade & Invest (2012b), Internetquelle.
[207] Vgl. Rödl & Partner (2012), Internetquelle.
[208] Vgl. Germany Trade & Invest (2012b), Internetquelle.

höht sich der Bruttoaufschlag um 70 bis 100%. Allerdings ist zu bedenken, dass die Lebenshaltungskosten in Sao Paulo enorm gestiegen sind und auf dem Niveau von Deutschland liegen.[209]
In Abbildung 47 sind die Sozialabgaben für brasilianische Unternehmer zu sehen. Der größte Arbeitgeberanteil bildet mit 20% die Renten- und Krankenversicherung INSS (Instituto Nacional do Seguro Social). Weiterhin folgen Abgaben für die Arbeitsunfallversicherung SAT (Seguro Acidente do Trabalho), die Arbeitslosenversicherung FGTS (Fundo de Garantiado do Tempo de Serviço) sowie zusätzliche FGTS-Zahlungen bei Entlassung und Ausbildungsabgaben.

Abbildung 47: Sozialabgaben (Arbeitgeberanteil) in Brasilien

Sozialbeiträge 2012 (in % der Bemessungsgrundlage)

Renten- und Krankenversicherung INSS (Arbeitgeberanteil)	20,0
Abgabe für Lohnfortzahlung im Krankheitsfall (Arbeitgeberanteil)	100,0 (nur bis zum 15. Tag Krankheitstag)
Arbeitslosenversicherung (Arbeitgeberanteil)	8,0
Sonstige Versicherungen und Abgaben (Arbeitgeberanteil)	7,8
Erläuterungen zu Beitragsbemessungsgrenzen	Keine; der Arbeitgeberanteil ist ein konstanter Prozentsatz und variiert nicht mit der Höhe des Bruttolohnbetrages

[210]

Die hohen Arbeitskosten stellen eines der größten Hindernisse für ausländische Investoren dar. Die Regierung unter Präsidentin Dilma Rousseff beschloss 2012 im Rahmen den Erlass der Sozialversicherungsbeiträge für 40 Sektoren. Statt des üblichen Beitrages von 20%, entrichten Unternehmen dieser Sektoren ab 2013 eine Pauschale von 1 bis 2% des Umsatzes an die staatliche Renten- und Krankenversicherung INSS. Auf dem brasilianischen Arbeitsmarkt werden Fachkräfte aller Tätigkeitsbereiche gesucht. Aufgrund eines Mangels an geeigneten Bewerbern, werden minderqualifizierte für verantwortungsvolle Positionen eingestellt. Als problematisch erweist sich bei internen Schulungen, die fehlende Voraussetzung zum Erwerb spezifischen Fachwissens. Zwar steigt der Anteil der Hochschulabschlüsse, doch gibt es

---

[209] Vgl. Rödl & Partner (2012), Internetquelle.
[210] Abbildung 47 aus Germany Trade & Invest (2012b), Internetquelle.

einen Mangel an Absolventen der naturwissenschaftlichen und technischen Fachrichtungen.[211]

In Mexiko haben sich die Lohnkosten nur geringfügig erhöht. Mitarbeiter für einfache Tätigkeiten sind einfach und günstig zu finden. Bei speziellen Tätigkeiten und im Bereich des mittleren Managements werden aufgrund des schwächeren Angebots Personalvermittler herangezogen. Mitarbeiter mit technischem Know-how, vor allem in der boomenden Automobilbranche sowie in der Erdölindustrie sind schwierig zu finden. Die Produktivität, vor allem in der Automobilbranche, leidet unter der hohen Fluktuation der Belegschaft. Arbeitnehmer sind schnell bereit zu besser bezahlten Jobs zu wechseln und die Gesetzeslage ermöglicht dazu kurzfristige Kündigungen. Das nationale Statistikamt INEGI veröffentlichte Daten zu den bei der Sozialversicherung IMSS (Instituto Mexicanco para la Salud) registrierten Löhnen und Lohnangaben von Industrieumfragen. Demnach waren Anfang 2013 ca. 16,1 Mio. Arbeitnehmer registriert, die damit einen Anteil von rund 33,4% ausmachen. 59,5% der Arbeitnehmer waren informell beschäftigt. Die Datenbasis des Statistikamtes kann richtungsweisend gelten. Die leichten Lohnsteigerungen seit 2011 dürften weiterhin niedrig ausfallen, da nach der Krise die informelle Beschäftigung schneller gewachsen ist als die formellen Arbeitsplätze. In der folgenden Abbildung 48 wird der durchschnittliche Nettolohn im Jahr 2012 auf knapp 8.000 mexikanische Pesos beziffert.

Abbildung 48: Entwicklung des durchschnittlichen Nettolohns 2009 bis 2011 in Mexiko

Entwicklung der durchschnittlichen Nettomonatslöhne 1)

	2009	2010	2011	2012 2)
nominal (in mex$)	7.046,3	7.274,7	7.583,6	7.932,2
nominal (in US$)	522,7	576,2	612,2	603,0
reale Veränderung (in %) 3)	0,4	-1,2	0,4	1,0

1) Umrechnung auf Bruttolöhne: zusätzlich etwa 29% für Arbeitgeberbeiträge; 2) Schätzung; 3) gegenüber Vorjahr bezogen auf Landeswährung
[212]

Die regionalen Unterschiede bei den Löhnen sind sehr unterschiedlich. Im Allgemeinen weisen die südlichen Regionen des Landes niedrigere Löhne auf als der Lan-

---

[211] Vgl. Germany Trade & Invest (2012b), Internetquelle.
[212] Abbildung aus Germany Trade & Invest (2013o), Internetquelle.

desdurchschnitt, während der Norden und das Zentrum des Landes über dem Durchschnitt liegen. Die in Abbildung 49 reflektierten Lohnzahlen beziehen sich auf einfachere Tätigkeiten.

Abbildung 49: Die durchschnittlichen Nettolöhne Mexikos nach Regionen 2012

Durchschnittliche Nettomonatslöhne nach Regionen (2012) 1)

	2012 (in mex$)	Veränderung 2012/11 (in %) 2)	2012 (in US$)
Landesdurchschnitt	7.932,2	4,6	603,0
Hauptstadt (Nordteil von Mexiko-Stadt)	11.663,9	4,0	886,6
Hochlohnregion (Querétaro)	9.002,6	4,8	684,4
Niedriglohnregion (Guanajuato)	6.539,7	4,8	497,1

1) Umrechnung auf Bruttolöhne: zusätzlich etwa 29% für Arbeitgeberbeiträge; 2) nominal
213

Das mexikanische Gesetz schreibt ein Urlaubsgeld von mindestens 25% vor. Ausgezahlt werden üblicherweise 50% oder bei Führungspositionen mehr. Im Vertrieb sind zudem Leistungsboni von einem bis zu drei Grundgehältern üblich. I. d. R. erhalten Führungskräfte auch Benzinzuschüsse, Einlagen in einen Sparfonds (Fondo de Ahorro) von bis zu 13% des Bruttogehalts sowie eine private Zusatzkrankenversicherung (Gastos Médicos Mayores/Gastos Médicos Menores). Im Vertrieb wird vielfach ein Firmenwagen zur Verfügung gestellt. Für geringverdienende Mitarbeiter sind Fahrdienste üblich, die einen großen Kostenfaktor für den Arbeitgeber darstellen können. Das nationale Arbeitsgesetz sieht außerdem eine Gewinnbeteiligung von 10% für Mitarbeiter vor. Durch die Gründung von Outsourcing-Gesellschaften, die lediglich das Personal führen, wird diese häufig umgangen.

Die neue Regierung hat für das Jahr 2013 eine Steuerreform angekündigt. Diese hat zum Ziel, die Steuerbasis zu erweitern und die informellen Arbeitsverhältnisse zu reduzieren. Die Kalkulation der Arbeitgeberbeiträge sowie mögliche Abfindungen im Falle einer Kündigung ist derzeit kompliziert.

In der Abbildung 50 sind die Sozialbeiträge für Arbeitgeber aufgelistet. Die Krankenversicherung mit einem Anteil von 13,9% stellt den größten Kostenfaktor dar. Im Krankheitsfall gilt eine Lohnfortzahlung durch den Arbeitgeber von 1 bis 3 Krankheitstagen; ab dem 4. Tag zahlt die IMSS 60% des Nettoarbeitslohns.

---

[213] Abbildung aus Germany Trade & Invest (2013o), Internetquelle.

Abbildung 50: Sozialabgaben (Arbeitgeberanteil) Mexikos 2012

Sozialbeiträge 2012 (in % des integralen Nettolohns) 1)	
Rentenversicherung (Arbeitgeberanteil)	5,15
Krankenversicherung (Arbeitgeberanteil) 2)	13,9
Abgabe für Lohnfortzahlung im Krankheitsfall und Mutterschaftsschutz (Arbeitgeberanteil)	Keine
Arbeitslosenversicherung (Arbeitgeberanteil)	Keine
Sonstige Versicherungen (Arbeitgeberanteil) 3)	Mindestens 2,755%
Erläuterungen zu Beitragsbemessungsgrenzen	Keine

1) Integraler Lohn: Bemessungsgrundlage ist der Nettoarbeitslohn inklusive Zusatzzahlungen wie Provisionen, Essensgeld und Wohngeld. Bei Bereitstellung von Wohnraum oder Essen erhöhen diese prozentual den Nettoarbeitslohn; 2) für Löhne über drei Mindestlöhnen 6% auf die Differenz; 3) Arbeitsunfähigkeits- und Lebensversicherung (1,75%), Kindergartenbeitrag (1,0%), Versicherung für Arbeitsrisiken - steigt je nach Unfallhäufigkeit und Risikohaftigkeit der Tätigkeit (0,005% bis etwa 7%)
[214]

Neben den Sozialbeträgen zahlt der Arbeitgeber 5% des Nettolohns (oder maximal das Zehnfache des Mindestlohns) in den Bausparfonds INFONAVIT ein. Mit diesem Fond kann der Arbeitnehmer von INFONAVIT vergünstigte Wohnungskredite erhalten. Damit addieren sich die Arbeitgeberbeiträge auf einen Durchschnitt von ca. 29%. Die Vergütung in Mexiko kann auf Grundlage von Mindestlohn (64,76 mexikanische Pesos pro Tag), einen Manteltarifvertrag (contrato ley), einen Betriebsvertrag (contrato colectivo de trabajo) oder individuell gestaltet werden. I. d. R. werden an 6 Tagen die Woche zu je 8 Stunden täglich gearbeitet. So ergibt sich eine Wochenarbeitszeit von 48 Stunden. Dabei sind 9 Überstunden pro Woche per Gesetz zugelassen.[215] Die 6 Tage bezahlter Urlaub erhalten Arbeitnehmer im zweiten (vollen) Beschäftigungsjahr. Im ersten Beschäftigungsjahr besteht kein Urlaubsanspruch. Nach dem vollendeten zweiten Beschäftigungsjahr steigt der Urlaub um jeweils 2 Tage jährlich bis zu 12 Urlaubstagen.[216] In der weltweiten Studie „Preise und Löhne" von UBS bildeten Sao Paulo und Rio de Janeiro (Brasilien) mit Paris (Frankreich) den höchsten Wert an bezahlten Urlaubstagen (30 Tage). Mexiko landete auf dem letzten

---

[214] Abbildung aus Germany Trade & Invest (2013o), Internetquelle.
[215] Vgl. Germany Trade & Invest (2013o), Internetquelle.
[216] Vgl. Rödl & Partner (2013), Internetquelle.

Rang mit nur 6 Tagen.[217] Hinzu kommen 8 bezahlte Feiertage pro Jahr. Bei politischen Wahlen gewähren Arbeitgeber evtl. weitere Feiertage.[218]

Im Bildungsbereich hat Mexiko seine Ausgaben erheblich gesteigert. Mit der im diesem Jahr verabschiedeten Bildungsreform soll eine unentgeltlich, qualitativ bessere Primar- und Sekundarschulbildung gewährleistet werden. Im Hochschul-bereich hat sich das Akkreditierungs- und Evaluierungsverfahren COPAES bewährt. Im Postgraduiertenbereich sind externe Evaluierungen mittlerweile die Voraussetzung für eine Förderung des Forschungs- und Technologierats CONACyT.[219] Im Arbeitsbereich ist Personal mit niedrigem Ausbildungsniveau leicht zu finden. Schwierig dagegen wird es bei technischen Spezialisierungen mit englischen Sprachkenntnissen. Deutsche Facharbeiter sind selten anzutreffen und mexikanische Ingenieure meist ohne Praxisbezug. Ingenieure für spezialisierte Anwendungen müssen daher unter Umständen von anderen Unternehmen abgeworben werden.[220]

5.2 Strategische Ziele

Für das Geschäftsjahr 2012 hat der VW-Konzern seine Herausforderungen unter schwierigen Marktbedingungen gemeistert und erneut Bestmarken bei Absatz, Ertrag und Umsatz gesetzt. Der Umsatz stieg um 20,9% auf €192,7 Mrd. EUR. Das operative Ergebnis wuchs auf den Rekordwert von 11,5 Mrd. EUR. Nicht nur operativ überzeugte Volkswagen im vergangenen Geschäftsjahr, sondern brachte auch verschiedene strategische Projekte ins Ziel. Seit 1. August 2012 gehört die Premiummarke Porsche vollständig zum VW-Konzern. Des Weiteren wurde mit Ducati eine langjährig erfolgreiche Motorradmarke übernommen. Um das Nutzfahrzeuggeschäft zu stärken wurde eine Allianz von MAN, Scania und Volkswagen Nutzfahrzeuge gegründet und somit Voraussetzungen für die Zukunft geschaffen. Bei den Pkw begann mit dem Jahr 2012 eine neue Ära mit dem Start des Modularen Querbaukastens. Zudem bekannte sich Volkswagen als erster Autobauer überhaupt zum CO2-Ziel von 95g/km bis 2020.[221] Die Konzernstrategie „2018" die VW im Jahr 2007 initiierte, beinhaltet ehrgeizige Ziele. So gibt der VW-Konzern das Hauptziel vor zum ökologisch

---

[217] Vgl. UBS (2012), Internetquelle.
[218] Vgl. Germany Trade & Invest (2013o), Internetquelle.
[219] Vgl. Auswärtiges Amt (2013h), Internetquelle.
[220] Vgl. Germany Trade & Invest (2013o), Internetquelle.
[221] Vgl. Volkswagen AG (2013c), Internetquelle.

und ökonomisch weltweit führenden Automobilunternehmen bis 2018 aufzusteigen. Um dieses ehrgeizige Ziel zu erreichen wurden vier Unterziele definiert:

- Volkswagen möchte mit den Einsatz von intelligenten Innovationen und Technologien bei der Kundenzufriedenheit und Qualität weltweit führend sein
- Der gesamte Absatz soll bis zum Jahr 2018 auf über 10 Mio. Einheiten jährlich wachsen. Um dieses Ziel zu erreichen möchte Volkswagen sich überproportional in den emerging markets, d.h. in den aufstrebenden Märkten, entwickeln und profitieren
- Die Umsatzrendite vor Steuern soll auf mindestens 8% steigen. Damit soll die finanzielle Solidität und Handlungsfähigkeit des VW-Konzerns auch in Zukunft sichergestellt werden
- Volkswagen möchte sich in allen Marken, Gesellschaften und Regionen des Konzerns zum beliebtesten Arbeitgeber entwickeln. Zufriedene und motivierte Mitarbeiter sollen eine hohe Produktivität schaffen.

Der VW-Konzern will auch unter schwierigen wirtschaftlichen Rahmenbedingungen mit den richtigen Produkten erfolgreich sein. Große Aufmerksamkeit gilt dabei der umweltfreundlichen Ausrichtung und der Rendite der Fahrzeugprojekte. Das Investitionsvolumen soll kontrollierbar sein. Die umweltfreundliche Produktpalette, die fortlaufend ergänzt wird, sowie die Positionierung der einzelnen Marken weltweit, tragen dazu bei die Stärken des Konzerns gezielt zu nutzen und auszubauen. Besonders in den Bereichen Fahrzeuge, Aggregate und Leichtbau sollen ökologische Maßstäbe gesetzt werden. Dank des Modularen Baukastensystems wird die Effizienz und Flexibilität der Produktion kontinuierlich erhöht. Darüber hinaus soll der Kundenstamm von Volkswagen ausgebaut und neue Kunden hinzugewonnen werden. Die Zufriedenheit der Kunden soll gesteigert werden. Maßnahmen zur Verbesserung von Produktivität und Qualität werden unabhängig von wirtschaftlichen Rahmenbedingungen fortgesetzt. Wesentliche Bestandteile sind dabei die Standardisierung von Prozessen im direkten und indirekten Bereich, sowie eine Reduzierung der Produktionsdurchlaufzeiten. Zusammen mit einer konsequenten Kosten- und Investitionsdisziplin, soll ein wichtiger Beitrag geleistet werden, um die angestrebten Renditeziele zu erreichen und eine dauerhaft solide Liquidität sicherzustellen.[222]

---

[222] Vgl. Volkswagen AG (2011), Internetquelle.

5.3 Zukunftsprognose

Um die gesteckten Ziele zu erreichen, versucht Volkswagen seinen Absatz weiter zu steigern. Derzeit liegt das Unternehmen im Soll mit ihrer Strategie 2018 weltweit größter Autohersteller zu werden. In Jahr 2013 dürfte Volkswagen zweitgrößter Autobauer werden. Volkswagen überholt dabei US-Rivale GM und profitiert von einer deutlich höheren Wachstumsdynamik.[223] In den ersten elf Monaten 2013 lieferte Volkswagen 8.68 Mio. Autos aus und damit 4.7% mehr als zum Vorjahreszeitraum. Insgesamt plant Volkswagen mit einem Absatz von 9.5 Mio. Fahrzeugen für dieses Jahr.[224] Der Wettbewerber Toyota distanziert GM und VW deutlich. Nach einer Prognose von Stefan Bratzel (Center of Automotive Management - CAM) soll der japanische Fahrzeughersteller im Jahr 2013 rund 10.2 Mio. Autos verkaufen.[225] Volkswagen fährt besonders in Südostasien dem Konkurrenten Toyota deutlich hinterher. Das wollen die Wolfsburger in absehbarer Zeit ändern, wie Christian Klingler (Vertriebsvorstand der Volkswagen AG) betont:

„Wir wollen unseren Marktanteil von aktuell gut einem Prozent in der Region deutlich steigern und am Wachstum teilhaben. Das geht nicht über den Import und Verkauf. Mittelfristig wollen wir für die jeweiligen Märkte auch Fahrzeuge vor Ort bauen."
(Christian Klingler, Vertriebsvorstand VW)[226]

Einen weiteren Wachstumstreiber neben China, wo Volkswagen 2013 bislang rund ein Drittel aller Wagen verkaufte, können die Wolfsburger gut gebrauchen. Zwar stiegen die Ausfuhren im November um 4.3% auf 828.600 Fahrzeuge, allerdings bleiben die Herausforderungen auf den Weltmärkten unverändert bestehen. Die Zahlen in Europa bessern sich dabei. Hier liegt Volkswagen bei nur noch 1.3% im Minus. Für 2014 rechnen Branchenexperten mit leichten Zuwächsen bei den Neuzulassungen. Dafür schwächelt Volkswagen bislang in den USA. Dort brachen die Verkaufszahlen im November 2013 um mehr als 16% ein. Auch hier liegt Toyota noch weit vorne.[227]

---

[223] Vgl. Wirtschaftswoche (2012a), Internetquelle.
[224] Vgl. Börse Online (2013), Internetquelle.
[225] Vgl. Wirtschaftswoche (2012a), Internetquelle.
[226] Zit. aus Börse Online (2013), Internetquelle.
[227] Vgl. Börse Online (2013), Internetquelle.

Im jüngsten Prognosebericht des VW-Konzerns heißt es:

"Trotz konjunktureller Unsicherheiten werden die Weltwirtschaft und viele Automobilmärkte in den Jahren 2013 und 2014 voraussichtlich weiter wachsen. Den Schwellenländern kommt dabei wieder eine tragende Rolle zu. Mit seiner Markenvielfalt, wegweisenden Technologien und der starken Marktposition will der Volkswagen Konzern die Chancen aus dieser Entwicklung nutzen."[228]

Die Prognosen im Bericht von Volkswagen stützen sich auf aktuelle Einschätzungen externer Institutionen; wie z.B. Wirtschaftsforschungsinstitute, Banken, multinationale Organisationen und Beratungsunternehmen. Für die Region Nordamerika (Kanada, USA und Mexiko) wird das Wachstum auf dem Niveau des Vorjahres liegen. Für das folgende Jahr 2014 wird mit einer erholenden Weltkonjunktur und einer Belebung der wirtschaftlichen Aktivität in Nordamerika gerechnet. Für Brasilien wird für das Jahr 2013 eine deutlich höhere Wachstumsrate erwartet. Argentinien wird sein BIP-Wachstum ebenfalls steigern können. Das Wirtschaftswachstum soll sich in beiden Ländern im Jahr 2014 fortsetzen.

Die Marktentwicklung für Pkw und leichte Nutzfahrzeuge wird in den einzelnen Regionen unterschiedlich verlaufen. Die weltweite Nachfrage nach Neufahrzeugen wird dieses Jahr voraussichtlich deutlich langsamer wachsen als im Berichtsjahr. Für das Folgejahr rechnet Volkswagen mit einer stärkeren Marktdynamik als 2013. Auf dem mexikanischen Markt für Pkw und leichte Nutzfahrzeuge wird für 2013 und 2014 mit einer positiven Tendenz gerechnet. Die südamerikanischen Märkte sind aufgrund der Abhängigkeit von Rohstoffen stark von der Entwicklung der Weltwirtschaft beeinflusst. Zunehmende protektionistische Tendenzen belasten die Marktentwicklung; das gilt insbesondere in Brasilien und Argentinien, wo Importrestriktionen für Fahrzeuge bestehen. In Brasilien wurde im Jahr 2012 die Fahrzeugnachfrage durch Steuererleichterungen stark gefördert. Durch den stufenweisen Abbau im Laufe des Jahres 2013 ist eine Nachfrage wie auf dem Vorjahresniveau wahrscheinlich. Für Argentinien wird aufgrund der wirtschaftlichen Gesamtsituation eine weiterhin rückläufige Marktentwicklung dieses Jahr erwartet. Für das Jahr 2014 wird damit gerechnet das die Automobilmärkte in der Region wieder wachsen. Beide Länder sollten von der erwarteten Erholung der Weltkonjunktur profitieren.

---

[228] Zit. aus Volkswagen AG (2013d), Internetquelle.

Um die langfristigen Ziele der Konzernstrategie 2018 zu erzielen, wird Volkswagen 2013 mit Modellneuheiten und Produktmaßnahmen planen. Volkswagen wird das Produktangebot, unter Berücksichtigung von Kundenwünschen, mit attraktiven neuen Modellen sinnvoll modernisieren und erweitern. Bei der Marke Volkswagen Pkw werden bpsw. die Golf-Produkte im Jahr 2013 weiter erneuert. Neben dem Golf Variant und den Topversionen GTI und GTD, wird auch der besonders verbrauchsarme Golf BlueMotion vorgestellt. Die Familie des up! wird um den cross up! und den e-up! (das erste Elektrofahrzeug Volkswagens) vergrößert. Bei den geplanten Produktmaßnahmen werden die Themen „DownSizing" und „Null-Emission" weiter vorangetrieben. „DownSizing" soll bedeuten, das bei der Erhöhung der Material- und Energieeffizienz, die Baugröße der Aggregate verringert wird und die ursprüngliche Leistung beibehalten werden kann. Der Bereich Elektromobilität wird durch die Form des Plug-In-Hybrids ebenso wie der reine Elektroantrieb ausgebaut.

Neben den etablierten Märkten in China und Brasilien sieht der Volkswagen Konzern die größten Wachstumschancen in Indien, Russland, den USA, sowie in den Regionen ASEAN und Nahost. Darüber hinaus werden preissensible Segmente untersucht, die volumenseitig besonders in China und Indien relevant sind.

In Brasilien wurde Ende des Jahres 2011 die Verkaufssteuer (IPI) für Importfahrzeuge erhöht, um die lokale Industrie zu schützen und Investitionsanreize für den Automobilsektor zu schaffen. Die Nachfrage nach Importfahrzeugen brach daraufhin zu Beginn des Jahres 2012 ein. Die hohe Inflation, die stockende Kreditvergabe und das abnehmende Verbrauchervertrauen in den Pkw-Markt belasteten zusätzlich in der ersten Hälfte 2012. Um die Automobilindustrie zu unterstützen, senkte die Regierung in der zweiten Hälfte des Jahres, die Verkaufssteuer für lokal produzierte Pkw erheblich, was dem Markt einen kräftigen Auftrieb brachte. Die Nachfrage erholte sich spürbar, so dass das Marktvolumen mit 2,9 Mio. Fahrzeugeinheiten den Wert des Vorjahres deutlich übertraf. Der Volkswagen-Konzern sieht Brasilien als ein strategisch wichtiger Pkw-Markt, der in Zukunft großes Potential bietet. Mit den speziell vor Ort produzierten Modellen, werden die Wachstumschancen auch zukünftig genutzt werden, um die Marktposition auszubauen.

In der Abbildung 51 ist die zukünftige Investitionsplanung für die Jahre 2013 bis 2015 zu sehen. Die Investitionen des Volkswagen Konzerns werden sich auf insgesamt 50.2 Mrd. € belaufen. Auf Sachinvestitionen entfallen 39.2 Mrd. €, davon 60% in

Deutschland. Die Sachinvestitionsquote wird sich in den angesprochenen Zeitraum auf einem wettbewerbsfähigen Niveau von 6% bis 7% bewegen. Neben den Sachinvestitionen, umfassen die Entwicklungskosten 10.6 Mrd. €. Mit den Investitionen in neue Produktionswerke und Automodelle, sowie die Entwicklung von alternativen Antrieben und modularen Baukästen, werden Voraussetzungen für ein profitables und nachhaltiges Wachstum geschaffen. Zusätzlich wird Volkswagen in den kommenden drei Jahren produktübergreifend 14.5 Mrd. € investieren. In der Summe sind auch Kapazitätserweiterungen enthalten, darunter das neue Produktionswerk der Marke Audi in Mexiko. Weitere Schwerpunkte der Investitionen sind Verbesserungen der Fertigungsprozesse. Im Planungszeitraum 2013 bis 2015 wird ein Cash-Flow aus dem laufenden Geschäftsjahr in Höhe von 61,4 Mrd. € erwartet. Damit wird das erwirtschaftete Kapital den Investitionsbedarf voraussichtlich mit 11,3 Mrd. € überdecken und die Liquiditätssituation verbessern. Für den Netto-Cash-Flow wird für die Jahre 2013 und 2014 von einer positiven Entwicklung ausgegangen.

Abbildung 51: Investitions- und Finanzplanung 2013 bis 2015 im VWs Konzernbereich Automobile

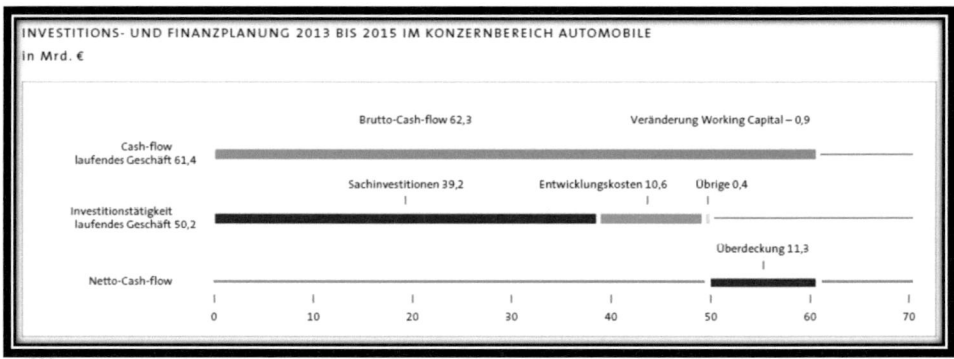

229

Der Vorstand des Volkswagen Konzerns erwartet für die kommenden Jahre eine zunehmende Wettbewerbsintensität. Besonders der Markt in Europa zeigt sich zunehmend herausfordernder. Die wirtschaftliche Entwicklung der Automobilbranche bleibt abhängig von der Weltkonjunktur, die große Unsicherheiten beinhaltet. Die Finanzmärkte sind immer noch mit Risiken behaftet, die sich aus der Verschuldungssituation einzelner Länder ergeben. Für die Pkw und leichten Nutzfahrzeuge wird 2013 ein

---

[229] Abbildung aus Volkswagen AG (2013d), Internetquelle.

schwieriges Jahr mit einem voraussichtlich geringen Wachstum. In diesem Jahr sind Zuwächse für die Regionen Asien-Pazifik und USA zu erwarten. Für Westeuropa ist mit einem Rückgang des Marktvolumens zu rechnen. Im Folgejahr wird voraussichtlich die Nachfrage in allen Regionen wieder wachsen. Derzeit ist VW mit einem hohen Marktanteil auf vielen Märkten vertreten. Der Volkswagen Konzern möchte mit dem Ausbau von Produktionskapazitäten, den Aufbau lokaler Fertigungsstätten, eigens für die Länder Fahrzeuge produzieren und seine Marktposition weiter stärken. Mit einem breiten Markenportfolio, einer steigenden Präsenz auf den Märkten und ein vielfältiges Finanzdienstleistungsangebot verschafft sich Volkswagen seinen comparative advantage (Wettbewerbsvorteil) gegenüber dem Wettbewerb. VW verfügt über ein umfangreiches Angebot an umweltfreundlichen, technologisch führenden und qualitativ hochwertigen Fahrzeugen für die verschiedenen Märkte und Kundengruppen. Aufgrund dieser Tatsachen erwartet der Vorstand, dass die Auslieferungen in den Jahren 2013 und 2014 über dem Vorjahreswert liegen werden. Einen besonderen Beitrag dazu werden die chinesischen Joint-Venture Gesellschaften und die neuen Produktionsstandorte in China, Russland, den USA und Indien leisten. Herausforderungen ergeben sich aus dem schwierigen Marktumfeld und der steigenden Wettbewerbsintensität. Zu berücksichtigende wirtschaftliche Risiken resultieren aus volatilen Zins- und Wechselkursverläufen und schwankenden Rohstoffpreisen. Es wird davon ausgegangen, dass die Umsatzerlöse für den Konzernbereich Automobile und den Konzernbereich Finanzdienstleistungen in den Jahren 2013 und 2014 über den Wert aus dem Jahr 2012 liegen werden. Das vorgegebene Ziel für das operative Ergebnis des Volkswagen Konzerns, ist das Niveau 2012 für das Jahr 2013 zu halten und im Folgejahr 2014 zu übertreffen.

Um die Herausforderungen der automobilen Zukunft zu meistern und die Ziele der Strategie 2018 zu erreichen, baut der Volkswagen Konzern auf sein breites Markenportfolio, der innovativen Automodellpalette, der breiten lokalen Produktionsaufstellung mit lokaler Wertschöpfung in vielen Regionen, den Synergiepotenzial bei der konzernweiten Entwicklung von Technologien und Automodellen und schließlich seiner finanziellen Liquidität. Um diese Stärken noch gezielter zu nutzen arbeitet man mit dem Aufbau neuer Produktionswerke, der Entwicklung von Technologien und Baukästen sowie mit Allianzen strategischer Partnerschaften. Dabei wird eine konsequente Ausgaben- und Investitionsdisziplin elementarer Bestandteil der Strategie 2018 bleiben.[230]

---

[230] Vgl. Volkswagen AG (2013d), Internetquelle.

6. Schlussbetrachtung

Ziel dieser Arbeit war es herauszufinden, welche Vor- und Nachteile die Länder Argentinien, Brasilien und Mexiko als Wirtschafsstandorte haben, welche strategischen Ziele Volkswagen mit einer Ansiedlung verfolgt und wie sich der jeweilige Standort zukünftig weiterentwickeln wird. Die genannten Länder bilden die größten Kfz-Märkte in Lateinamerika. Im Theorieteil wurden zuerst die Aufgaben und Ziele einer Standortstrategie beschrieben und wie diese umzusetzen sind. Danach wurden die Vor- und Nachteile des jeweiligen Landes, bzw. die wirtschaftlichen Risiken und Möglichkeiten in einer SWOT-Analyse zusammengefasst und erläutert. Darauf aufbauend wurden die strategischen Ziele Volkswagens untersucht. Ein Ausblick auf die wirtschaftliche Entwicklung und die strategische Ausrichtung bis zum Jahr 2018 sollte mittels eines Fragebogens an Volkswagen für das jeweilige Land ermittelt werden. Da Volkswagen eine Beantwortung der Fragebögen ablehnte, wurde der wirtschaftliche Ausblick auf Grundlage des aktuellsten Prognoseberichts Volkswagens für die Jahre 2013 und 2014 und für die Finanzplanung bis 2015 gegeben (Zur Drucklegung der Arbeit lag noch kein aktuellerer Prognosebericht vor).

Für Volkswagen verlief das Jahr 2012 in Argentinien nicht erfolgreich. Der Absatz von Pkw brach um 20,1% gegenüber 2011 ein. Auch andere Hersteller wie GM (-8,3%), Renault/Nissan (-22,6%) oder Fiat (-17,9%) mussten ähnliche Rückschläge hinnehmen. Insgesamt ging also der Absatz 2012 zurück und wird für das Jahr 2013 auf einem ähnlichen Niveau wie 2011 prognostiziert. Die Gründe der stagnierenden Automobilwirtschaft liegen in dem neuen Wirtschaftsmodell der argentinischen Regierung. Die Importrestriktionen wurden verschärft, um die Importe zu verknappen und dadurch die Handelsbilanz positiv zu gestalten. Produkte aus dem eigenen Land sollen stärker exportiert werden und den Zufluss ausländischer Devisen fördern. Auch die hohe Inflation verhindert Fortschritte und bremst ein wirtschaftliches Wachstum. Für das Jahr 2014 plant Argentinien mit höheren Ausgaben für die Infrastruktur, den Ausbau von Wasserkraftanlagen, Energieversorgung oder von Festnetzanschlüssen und Internet. Dies soll den Standort Argentinien attraktiver für ausländische Investoren und wettbewerbsfähiger gegenüber Drittländern machen. Mit der hohen Inflation steigen auch die Lohnkosten rapide an, während die Abwertung des argentinischen Peso gegenüber dem US-Dollar vergleichsweise gering ausfällt. Somit erhöhen sich für die Unternehmen die Lohnkosten ungemein und mit fortschreitender Abwertung des argentinischen Peso verlieren sie an Planungssicherheit.

Brasilien ist einer der größten Kfz Märkte weltweit. Volkswagen ist hier zweitgrößter Fahrzeughersteller mit einem Marktanteil von knapp 20%. Der Pkw-Absatz des ersten Quartals 2013 verlief leicht rückläufig, während andere Hersteller zulegen konnten. 2012 wuchs der brasilianische Kfz-Markt um 4,6% und soll auch 2013 ähnlich hoch wachsen. Das Absatzpotenzial Brasiliens ist sehr hoch, weil die Anzahl von Einwohnern, die ein Fahrzeug besitzen, noch relativ gering ist. Da eine Absenkung der Industrieproduktsteuer bis zum Ende 2013 beschlossen worden war, hatte sich die Nachfrage nach Fahrzeugen spürbar erholt. Des Weiteren schuf die brasilianische Regierung damit Investitionsanreize für die Hersteller, ihre Produktionskapazitäten zu erweitern oder neue Produktionswerke zu bauen. Damit das logistische Netzwerk in Brasilien verbessert wird, sind kräftige Investitionen für die Infrastruktur geplant bzw. werden bereits getätigt. Der Bau von regionalen Flughäfen, Hafenterminals, Wasserkraftwerken oder der Ausbau des Telekommunikationsnetzes sind nur einige der derzeitigen Investitionsprojekte. Im Hinblick auf die weltweiten Großveranstaltungen der Fußball-WM 2014 und Olympia 2016 in Rio de Janeiro sind diese Investitionen notwendig um ein weiteres Wachstum zu gewährleisten. Die brasilianischen Lohnkosten sind mit den Preisen gestiegen und so hat die Stadt Sao Paulo in einigen Berufsgruppen bereits ein europäisches Lohnniveau erreicht. In anderen Regionen, wie etwa im Nordosten des Landes, sind die Löhne noch deutlich niedriger. Nebenleistungen wie Weihnachtsgeld, Mindest- und Nachtzuschlag sind in der brasilianischen Verfassung verankert und ähneln den arbeitsrechtlichen Bedingungen in Europa. Mit den weiteren Nebenleistungen, wie Boni oder Prämien, kann sich ein brasilianisches Bruttogehalt fast verdoppeln.

Mexiko nimmt eine positive Entwicklung und verzeichnete 2012 einen neuen Produktions- und Exportrekord. Um insgesamt 9% stiegen die Kfz-Exporte im Vergleich zu 2011. Mit Markteinstiegen weiterer Hersteller sollte sich dieser Trend fortsetzen. Volkswagen steigerte seine Ausfuhren um mehr als 20% und setzte sich damit an die Spitze der Fahrzeughersteller im Jahr.2012. Andere Hersteller wie Nissan (+13,5%), Fiat/Chrysler (+31,5%) oder Toyota (+12,4%) profitierten ebenfalls von diesem Trend. Die USA bleiben Hauptabnehmer mexikanischer Exporte. Um seine Exporte breiter aufzustellen und sich unabhängiger von den USA zu machen, schloss Mexiko weltweit Freihandelsabkommen ab. Dazu gehörten u. a. die Pazifik-Allianz mit den Ländern Peru, Kolumbien und Chile sowie ein globales Abkommen mit der EU. Diese neu geschlossenen Freihandelsabkommen stehen noch am Anfang, haben aber das Potenzial zu einer dynamischen Entwicklung. In steuerlicher Hinsicht ist Mexiko für Investoren attraktiv. Es ist eines der Länder mit den geringsten Steuer- und Sozialabgaben für Arbeitgeber. Wie in Brasilien sind auch in Mexiko Investitionen in die veraltete Infrastruktur für ein weiteres Wirtschaftswachstum notwendig. Die neue mexikanische Regierung, die seit Dezember 2012 regiert, hat verschiedene Projekte geplant. „Effizient, nachhaltig, umweltfreundlich und schnell" sollen die neuen Verkehrssysteme sein. So sind für den Stadtverkehr Bussysteme mit exklusiven Fahrrinnen, verschiedene Metro- und Straßenbahnsysteme, sowie eine neuartige Schwebebahn geplant. Für den Güterverkehr sind drei Bahnprojekte in Arbeit. Die Lohnkosten in Mexiko sind geringer als in Argentinien oder Brasilien. So liegt der durchschnittliche Nettolohn von knapp 8.000 mexikanischen Peso deutlich unter dem Lohnniveau der beiden Länder. Die mexikanischen Lohnnebenleistungen sind gering und mit wenigen Auflagen für die Unternehmen verbunden. So muss eine Gewinnbeteiligung (10%) an alle Arbeitnehmer gezahlt werden und es gibt strenge Grundsätze bei der Lohngleichheit. Von den drei untersuchten Ländern müssen in Mexiko die meisten Arbeitsstunden geleistet werden und es gibt den geringsten Urlaubsanspruch.

Volkswagen gibt mit der Konzernstrategie 2018 einen weltweiten Absatz von mehr als 10 Mio. Fahrzeugeinheiten, ein ehrgeiziges Ziel vor. Große Aufmerksamkeit widmet das Unternehmen neuer Antriebstechnologien und investiert viel in die Elektromobilität. Nach Schätzungen wird Volkswagen 2013 mit einem Absatz von 9,5 Mio. Einheiten den Konkurrenten GM überholen und der zweitgrößte Automobilproduzent weltweit hinter Toyota werden.

Von den drei untersuchten Standorten Argentinien, Brasilien und Mexiko, ist der Standort Argentinien am kritischsten. Eine hohe Inflation, staatliche Interventionen in die Wirtschaft, sowie eine geringe Infrastruktur und eine moderate Wachstumsrate des BIP, werden zukünftig eine große Herausforderung für Volkswagen de Argentina sein. Zwar versucht die argentinische Regierung durch Abwertung der eigenen Währung die Inflation in den Griff zu bekommen, doch wird dies den enormen Lohn- und Preissteigerungen nicht gerecht. Für das Jahr 2014 wird von einer rückläufigen

Nachfrage ausgegangen. So bleibt abzuwarten, wie Volkswagen de Argentina die wirtschaftliche Gesamtsituation bewältigen wird. Für Brasilien und Mexiko sind die Aussichten wesentlich besser. In Brasilien wird ein moderates Wachstum von 4,6% 2013 erwartet. Durch die Steuererleichterungen ab dem Jahr 2012 konnte sich die Nachfrage auf dem Pkw-Markt erholen. Der Ausbau des logistischen Netzwerkes und die Investitionen in andere Infrastrukturprojekte wird einen positiven Nacheffekt für die Wirtschaft haben. Die Großsportereignisse, Fußball WM 2014 und Olympia 2016, werden weitere wirtschaftliche Impulse liefern. Brasilien ist der viertgrößte Kfz-Markt weltweit und somit auch für Volkswagen do Brasil ein strategisch wichtiger Standort. Mit den vor Ort produzierten Fahrzeugen sollen künftig Wachstumschancen genutzt werden. Falls die zuletzt aufgeflammte Inflation mit den verbundenen Preissteigerungen eingedämmt werden kann, steht dem brasilianischen Kfz-Markt eine positive bevor. Auch der Kfz-Markt Mexikos zeigt positive Entwicklungstendenzen. Das Jahr 2012 wurde zum Rekordjahr bei den Ausfuhren und der Produktion der Fahrzeughersteller. Mit der Errichtung des Produktionswerks in Silao (Guanajuato) Anfang 2013 sowie dem Bau des neuen Produktionswerks von Audi für das Jahr 2016, möchte Volkswagen de Mexico seinen Marktanteil weiter ausbauen. Auf dem Markt für Pkw rechnet Volkswagen de Mexico für die Jahre 2013 und 2014 mit einer positiven Entwicklung. Die neu gewählte mexikanische Regierung wird mit dem Bau von Güterbahnstrecken und der Modernisierung weiterer Infrastruktur den Unternehmen entgegen kommen. Mexiko ist als exportstärkster Kfz-Markt Lateinamerikas und mit dem großen Einfluss auf dem amerikanischen Markt ein signifikanter Standort. Das Land wird durch die neuen Produktionswerke künftige gute Wachstumsmöglichkeiten haben und durch den Handel im Dollar-Wirtschaftsraum weiter ein geringes Währungsrisiko aufweisen. Die niedrigen Lohnkosten und die bereits existierende deutsche Unternehmenskultur sind weitere positive Faktoren.

Um seine Marktposition weiter zu stärken reagiert der Volkswagen-Konzern, mit dem Ausbau von Produktionskapazitäten und dem Bau neuer Produktionswerke. Neben den relevanten Märkten in Brasilien, Mexiko, und China sieht der Volkswagen-Konzern besondere Potenziale in Indien, USA, Russland, der ASEAN-Region und der Region Nahost. Mit Investitionen in Entwicklungen, Technologie, Fertigungstechniken und dem breit gefächerten Angebot für verschiedene Märkte und Kundengruppen, prognostiziert Volkswagen für 2013 und das Jahr 2014 seinen Absatz zu steigern. Um die strategischen Ziele 2018 zu erreichen, bedarf es noch weiterer Anstrengungen, aber der Volkswagen Konzern ist auf einem guten Weg dorthin.

Literaturverzeichnis

ADEFA. (Oktober 2013). *Statistics*. Abgerufen am 9. November 2013 von http://www.adefa.com.ar/v2/images/stories/estadisticas_ingles/2013/Informes_de_Prensa_2013_10.xls

AHK Camara Brasil Alemanha. (Juni 2013). *Brasilien Aktuell, S.4-6*. Abgerufen am 29. November 2013 von Brasilien: Strukturelle Herausforderungen Auf Dem Weg in die Top 5: www.ahkpoa.com.br

AHK Camra de Industria y Comercio Argentino Alemana. (November 2012). *Bauwirtschaft in Argentinien*. Abgerufen am 30. Dezember 2013 von http://www.cadicaa.com.ar/ce/factsheet_bauwirtschaft.pdf

Alff. (2007). *Automobilkonzerne unter Druck: Beschäftigungsentwicklung bei Opel, Volkswagen und der Shareholder Value*. VDM Verlag, Dr. Müller.

argentina, a. e. (15. Mai 2011). *Typisch Argentinien (IV) / Inflation*. Abgerufen am 29. Dezember 2013 von http://alexargentina.wordpress.com/2011/05/15/typisch-argentinisch-iv-die-inflation/

Aussenwirtschaft Austria/IHK Bayern. (Januar 2011). *Exportbericht Mexiko*. Abgerufen am 30. Dezember 2013 von www.auwi-bayern.de/awp/inhalte/Laender/Anhaenge/Exportbericht-Mexiko.pdf

Aussenwirtschaft Austria/IHK Bayern. (Mai 2012). *Exportbericht Argentinien*. Abgerufen am 9. November 2013 von www.auwi-bayern.de/awp/inhalte/Anhaenge/Exportbericht-Argentinien.pdf

Aussenwirtschaft Austria/IHK Bayern. (August 2013). *Exportbericht Brasilien*. Abgerufen am 30. Dezember 2013 von www.auwi-bayern.de/awp/inhalte/Anhaenge/Exportbericht-Brasilien.pdf

Auswärtiges Amt. (September 2013). *Argentinien, Wirtschaft*. Abgerufen am 29. Dezember 2013 von http://www.auswaertiges-amt.de/DE/Aussenpolitik/Laender/Laenderinfos/Argentinien/Wirtschaft_node.html#doc335666bodyText4

Auswärtiges Amt. (Oktober 2013a). *Argentinien, Beziehungen zu Deutschland*. Abgerufen am 29. Dezember 2013 von http://www.auswaertiges-amt.de/sid_11E39A62905DF826245320572C98F391/DE/Aussenpolitik/Laender/Laenderinfos/Argentinien/Bilateral_node.html

Auswärtiges Amt. (Januar 2013b). *Brasilien, Wirtschaft*. Abgerufen am 30. Dezember 2013 von http://www.auswaertiges-amt.de/DE/Aussenpolitik/Laender/Laenderinfos/Brasilien/Wirtschaft_node.html

Auswärtiges Amt. (Oktober 2013c). *Brasilien, Beziehungen zwischen Brasilien und Deutschland*. Abgerufen am 16. November 2013 von http://www.auswaertiges-amt.de/DE/Aussenpolitik/Laender/Laenderinfos/Brasilien/Bilateral_node.html

Auswärtiges Amt. (September 2013d). *Brasilien, Außenpolitik*. Abgerufen am 30. Dezember 2013 von http://www.auswaertiges-amt.de/sid_ED794BEF28BDFF8D8CC9E4F8A680FE22/DE/Aussenpolitik/Laender/Laenderinfos/Brasilien/Aussenpolitik_node.html

Auswärtiges Amt. (Oktober 2013e). *Mexiko, Wirtschaft*. Abgerufen am 6. Januar 2014 von http://www.auswaertiges-amt.de/sid_7BBAF408CACE857A17D8EB42E7E50A7F/DE/Aussenpolitik/Laender/Laenderinfos/Mexiko/Wirtschaft_node.html

Auswärtiges Amt. (Oktober 2013f). *Mexiko: Außenpolitk*. Abgerufen am 30. Dezember 2013 von http://www.auswaertiges-amt.de/DE/Aussenpolitik/Laender/Laenderinfos/Mexiko/Aussenpolitik_node.html

Auswärtiges Amt. (Oktober 2013g). *Argentinien, Kultur- und Bildungspolitik*. Abgerufen am 5. Januar 2014 von http://www.auswaertiges-amt.de/DE/Aussenpolitik/Laender/Laenderinfos/Argentinien/Kultur-UndBildungspolitik_node.html

Auswärtiges Amt. (Oktober 2013h). *Mexiko, Kultur- und Bildungspolitik*. Abgerufen am 5. Januar 2014 von http://www.auswaertiges-amt.de/DE/Aussenpolitik/Laender/Laenderinfos/Mexiko/Kultur-UndBildungspolitik_node.html

Auto, Motor und Sport. (9. August 2010). *E-Auto-Technologie, Die Kooperationen der Hersteller*. Abgerufen am 29. Oktober 2013 von http://www.auto-motor-und-sport.de/eco/e-autos-die-kooperationen-der-hersteller-1431038.html

autogramm. (März 2010). *Interview mit Detlef Wittig über die Partnerschaft mit Suzuki*. Abgerufen am 29. Oktober 2013 von http://autogramm.volkswagen.de/03_10/aktuell/aktuell_12.html

automotive IT. (8. Oktober 2010). *VW fördert Autoforschung in Argentinien*. Abgerufen am 29. Oktober 2013 von http://www.automotiveit.eu/vw-kooperation-argentinien/entwicklung/id-0018031

Autschbach. (1997). *Internationale Standortwahl: Direktinvestitionen der deutschen Automobilindustrie in Osteuropa, S.193-222*. Wiesbaden: Gabler Verlag.

Berthold. (2005). *Unternehmenskultur, strukturelle Voraussetzungen und Erfolg von Unternehmenszusammenschlüssen: Ergebnisse einer empirischen Untersuchung, S.86*. Aachen: Shaker Verlag.

Börse Online. (12. Dezember 2013). *VW hält Rekordkurs - Pläne für Produktion in Asean Staaten*. Abgerufen am 21. Dezember 2013 von http://www.boerse-online.de/nachrichten/aktien/Volkswagen-bleibt-auf-Kurs-zu-Rekord-Absatz-794886

Bundesministerium für Wirtschaft und Technologie. (31. Mai 2012). *Mexiko: Markteintrittschancen im größten Markt der neuen Welt*. Abgerufen am 20. November 2013 von http://www.wipage.de/fileadmin/documents/Energie/2012-Mexiko_Wind_Onshore.pdf

Deutsche Welle. (14. Juli 2013). *Mühen im Mercosur*. Abgerufen am 30. Dezember 2013 von http://www.dw.de/m%C3%BChen-im-mercosur/a-16949668

Deutsche Welle. (14. Juli 2013). *Mühen im Mercosur*. Abgerufen am 30. Dezember 2013 von http://www.dw.de/m%C3%BChen-im-mercosur/a-16949668

European Union. (2013). *Mercosur - (Common Market of the South)*. Abgerufen am 6. Januar 2014 von http://eeas.europa.eu/mercosur/index_en.htm

FAZ. (22. Oktober 2013). *Brasilien lässt Tiefsee-Ölfeld ausbeuten*. Abgerufen am 12. November 2013 von http://www.faz.net/aktuell/wirtschaft/unternehmen/oel-vor-der-kueste-brasilien-laesst-tiefsee-oelfeld-ausbeuten-12628502.html

Finanzen.net. (18. Oktober 2013). *Wall Street Insights - USA: Der Ausweg aus der Schuldenkrise?* Abgerufen am 25. November 2013 von http://www.finanzen.net/nachricht/zertifikate/Vontobel-Wall-Street-Insights-USA-Der-Ausweg-aus-der-Schuldenkrise-2723540

Gabler Lexikon. (2013a). *Unternehmenszusammenschluss*. Abgerufen am 31. Oktober 2013 von http://wirtschaftslexikon.gabler.de/Definition/unternehmenszusammenschluss.html

Gabler Lexikon. (2013b). *Customer Relationship Management (CRM)*. Abgerufen am 1. November 2013 von http://wirtschaftslexikon.gabler.de/Definition/customer-relationship-management-crm.html#head0

Germany Trade & Invest . (November 2013d). *Wirtschaftsdaten kompakt: Mexiko*. Abgerufen am 8. Januar 2014 von http://ahk.de/fileadmin/ahk_ahk/GTaI/mexiko.pdf

Germany Trade & Invest. (März 2011). *Exporthandbuch NAFTA*. Abgerufen am 30. November 2013 von http://www.gaccny.com/fileadmin/ahk_gaccny/Communications/Publications/Exporthandbuch_NAFTA.pdf

Germany Trade & Invest. (19. August 2011a). *Argentiniens Einfuhrbremsen zeigen Wirkung*. Abgerufen am 18. Dezember 2013 von https://www.gtai.de/GTAI/Navigation/DE/Trade/Recht-Zoll/zoll,did=80582.html

Germany Trade & Invest. (31. August 2012). *Mexiko-Stadt steht vor großen Herausfroderungen*. Abgerufen am 20. November 2013 von http://www.gtai.de/GTAI/Navigation/DE/Trade/maerkte,did=636046.html

Germany Trade & Invest. (Jahresmitte 2012a). *Wirtschaftstrends Mexiko*. Abgerufen am 22. November 2013 von http://www.gtai.de/GTAI/Content/DE/Trade/Service/Laender-maerkte-chancen/2012/12/medien/lm2-mexiko-witre-jami-2012.pdf

Germany Trade & Invest. (18. Dezember 2012b). *Lohn- und Lohnnebenkosten, Brasilien*. Abgerufen am 5. Januar 2014 von https://www.gtai.de/GTAI/Navigation/DE/Trade/maerkte,did=729760.html

Germany Trade & Invest. (November 2013b). *Wirtschaftsdaten kompakt: Argentinien*. Abgerufen am 29. Dezember 2013 von http://ahk.de/fileadmin/ahk_ahk/GTaI/argentinien.pdf

Germany Trade & Invest. (29. November 2013bb). *Wirtschaftstrends Jahreswechsel 2013/14*. Abgerufen am 8. Januar 2014 von https://www.gtai.de/GTAI/Navigation/DE/Trade/maerkte,did=920462.html

Germany Trade & Invest. (November 2013c). *Wirtschaftsdaten kompakt: Brasilien*. Abgerufen am 30. Dezember 2013 von http://ahk.de/fileadmin/ahk_ahk/GTaI/brasilien.pdf

Germany Trade & Invest. (März 2013e). *Kaufkraft und Kosumverhalten Mexiko*. Abgerufen am 22. November 2013 von https://www.gtai.de/GTAI/Content/DE/Trade/Fachdaten/PUB/2013/03/pub201303128002_17840.pdf

Germany Trade & Invest. (24. Juli 2013f). *Branche kompakt, Kfz-Industrie und Kfz-Teile, Argentinien*. Abgerufen am 24. November 2013 von https://www.gtai.de/GTAI/Navigation/DE/Trade/maerkte,did=853024.html

Germany Trade & Invest. (11. Juli 2013f). *Freihandelsabkommen zwischen EU und den USA betrifft auch Mexiko*. Abgerufen am 30. November 2013 von https://www.gtai.de/GTAI/Navigation/DE/Trade/maerkte,did=841650.html

Germany Trade & Invest. (24. Mai 2013g). *Branche kompakt, Kfz-Industrie und Kfz-Teile, Brasilien*. Abgerufen am 26. November 2013 von https://www.gtai.de/GTAI/Navigation/DE/Trade/maerkte,did=816668.html

Germany Trade & Invest. (21. Februar 2013h). *Investitionsboom in Mexikos Kfz-Industrie geht weiter*. Abgerufen am 30. November 2013 von http://www.gtai.de/GTAI/Navigation/DE/Trade/maerkte,did=764902.html

Germany Trade & Invest. (8. Februar 2013i). *Argentinien reduziert die Importbürokratie, erhöht jedoch Einfuhrzölle*. Abgerufen am 1. Dezember 2013 von https://www.gtai.de/GTAI/Navigation/DE/Trade/Recht-Zoll/zoll,did=756806.html

Germany Trade & Invest. (11. November 2013j). *Branche kompakt, Bauwirtschaft (Tiefbau/Infrastrukturbau), Argentinien*. Abgerufen am 30. Dezember 2013 von https://www.gtai.de/GTAI/Navigation/DE/Trade/maerkte,did=910152.html

Germany Trade & Invest. (14. November 2013k). *Branche kompakt, Bauwirtschaft (Tiefbau/Infrastrukturbau), Brasilien*. Abgerufen am 30. Dezember 2013 von https://www.gtai.de/GTAI/Navigation/DE/Trade/maerkte,did=910154.html

Germany Trade & Invest. (14. November 2013l). *Branche kompakt, Bauwirtschaft (Tiefbau/Infrastrukturbau), Mexiko*. Abgerufen am 30. Dezember 2013 von https://www.gtai.de/GTAI/Navigation/DE/Trade/maerkte,did=910172.html

Germany Trade & Invest. (5. November 2013m). *Bahnprojekte in Mexiko sollen ab Ende 2014 zur Ausschreibung kommen*. Abgerufen am 30. Dezember 2013 von http://www.gtai.de/GTAI/Navigation/DE/Trade/maerkte,did=905354.html

Germany Trade & Invest. (4. April 2013n). *Lohn- und Lohnnebenkosten, Argentinien*. Abgerufen am 4. Januar 2014 von https://www.gtai.de/GTAI/Navigation/DE/Trade/maerkte,did=788388.html

Germany Trade & Invest. (1. Mai 2013o). *Lohn- und Lohnnebenkosten, Mexiko*. Abgerufen am 5. Januar 2014 von https://www.gtai.de/GTAI/Navigation/DE/Trade/maerkte,did=805914.html

GlobalDefence.net. (1. Juli 2012). *Lateinamerika - Mexiko (Mexico) - Wirtschaft*. Abgerufen am 20. November 2013 von http://www.globaldefence.net/kulturen-im-konflikt/westliche-staaten/2754-lateinamerika-mexiko-mexico.html?start=1

Goette. (1994). *Standortpolitik internationaler Unternehmen, S.260-320*. Wiesbaden.

Handelsblatt. (5. Juli 2012). *VW übernimmt Porsche mit rasanten Steuertrick*. Abgerufen am 31. Oktober 2013 von http://www.handelsblatt.com/unternehmen/industrie/zusammenschluss-vw-uebernimmt-porsche-mit-rasantem-steuertrick/6835460.html

Handelsblatt. (17. September 2012a). *Der Milliarden-Schatz, den niemand heben kann*. Abgerufen am 11. November 2013 von http://www.handelsblatt.com/unternehmen/industrie/brasiliens-oelreserven-der-milliarden-schatz-den-niemand-heben-kann/7096866.html

Handelsblatt. (10. Oktober 2013). *Brasilien erhöht Leitzins auf 9,5 Prozent*. Abgerufen am 30. Dezember 2013 von http://www.handelsblatt.com/politik/oekonomie/nachrichten/kampf-gegen-inflation-brasilien-erhoeht-leitzins-auf-9-5-prozent/8915544.html

Hunger, S. (2008). *Die Freihandelszone zwischen Mercosur und EU, S.30-31*. VDM Verlag, Dr. Müller.

IHK Hannover. (2011). *Das Nordamerikanische Freihandelsabkommen (NAFTA)*. Abgerufen am 30. November 2013 von http://www.hannover.ihk.de/fileadmin/data/Dokumente/Themen/International/Veranstaltungsuebersicht/Botschafter_Gonzalez_Diaz_NAFTA__IHK-Hannover_08.10.2012__Botschafter_Mexiko_in_Deutschland.pdf

Knoblauch. (1981). *Standortwahl mittelständischer Industrieunternehmungen in den USA, S.60*. Göttingen.

Konrad Adenauer Stiftung. (Dezember 2012). *Länderbericht Mexiko, Die Rückkehr der PRI*. Abgerufen am 30. Dezember 2013 von http://www.kas.de/wf/doc/kas_32989-1522-1-30.pdf

Konrad Adenauer Stiftung. (18. Juni 2013). *Länderbericht Brasilien, Manege frei! Brasiliens Wahlkampf Beginnt*. Abgerufen am 18. November 2013 von http://www.kas.de/brasilien/de/publications/34747/

Konrad Adenauer Stiftung. (Mai 2013a). *Länderbericht Argentinien, Ziemlich schlechte Freunde*. Abgerufen am 1. Dezember 2013 von http://www.kas.de/wf/doc/kas_34396-1522-1-30.pdf?130516105657

Konrad Adenauer Stiftung. (Mai 2013b). *Länderbericht Brasilien, Brasilien: Wirtschaftlich über-, politisch unterbewertet?* Abgerufen am 20. Dezember 2013 von http://www.kas.de/wf/doc/kas_34492-1522-1-30.pdf?130527112233

Merco Press. (25. Januar 2013). *Argentina Easing Imports Restrictions mainly for Mercosur Associates aus Konrade Adenauer Stiftung (2013a)*. Abgerufen am 11. November 2013 von http://en.mercopress.com/2013/01/25/argentina-easing-imports-restrictions-mainly-for-mercosur-associates

Oechsler, R. M. (2003). *Flexibilisierung der Beschäftigung: das VW-Modell 5000 mal 5000 als Ansatz zur Flexibilisierung von Arbeitsbedingungen in Deutschland?, S.94 aus Alff (2007), S.83 f.* Köln: Schäffer-Poeschel Verlag.

phoneArena.com. (27. Dezember 2011). *Argentina bans the sale of the Apple iPhone and BlackBerry models temporarily aus Konrade Adenauer Stiftung (2013a)*. Abgerufen am 1. Dezember 2013 von http://www.phonearena.com/news/Argentina%E2%80%90bans%E2%80%90the%E2%80%90sale%E2%80%90of%E2%80%90the%E2%80%90Apple%E2%80%90iPhone%E2%80%90and%E2%80%90BlackBerry%E2%80%90models%E2%80%90temporarily_id25139

Preißner. (2009). *Kundenmanagement leicht gemacht: Was die Kunden von Ihnen erwarten und wie Sie dies erfüllen, S.144-146*. München: Redline Verlag.

Preusse. (2001). *Mercosur - Another Failed Move Towards Regional Integration?, in: The World Economy, Vol. 24, Nr.7, S.911-931 aus Schlageter (2007), S.39*.

Preusse. (2004). *The New American Regionalism aus Schlageter (2007), S.39. aus Schlageter (2007), S.39*. Cheltenham, Northampton: Edward Elgar.

Rödl & Partner. (3. März 2008). *Lateinamerika - Rechtliche und steuerliche Rahmenbedingungen für den Markteintritt*. Abgerufen am 14. Dezember 2013 von http://www.ihk-nuernberg.de/de/media/PDF/International/Praesentationen-Lateinamerika-Forum/Vortrag-Felsner.pdf

Rödl & Partner. (2012). *Arbeitsrecht in Brasilien, S.27-31*. Abgerufen am 14. Dezember 2013 von http://www.roedl.de/de-DE/de/medien/publikationen/broschueren/Documents/Arbeitsrecht-Brasilien-Roedl-Partner.pdf

Rödl & Partner. (2013). *Investitionsführer Mexiko, S.25*. Abgerufen am 5. Januar 2013 von http://www.roedl.de/de-DE/de/medien/publikationen/broschueren/Documents/Investitionsfuehrer-Mexiko-Roedl-Partner-de.pdf

Rotter, E. (Juni 2010). *Volkswagen AG: Kurzfallstudie im Rahmen des Projektes Meta-Analyse:Nachhaltigkeitsstrategien in Politik und Wirtschaft, S.4*. Abgerufen am 28. Dezember 2013 von http://www.innovative-nachhaltigkeit.de/htdocs_de/pdf/Volkswagen_AG.pdf

SAP. (2003). *SAP Customer Success Story, Volkswagen Financial Services AG*. Abgerufen am 1. November 2013 von http://www.reply.de/upload/File/cms/content/6998_img_SYSK06_Volkswagen_Financial_Services_SAPtemp_DEU.pdf-id=6998

SAP. (21. Februar 2012). *SAP baut CRM im Volkswagen-Konzern um.* Abgerufen am 1. November 2013 von http://www.automotiveit.eu/sap-baut-crm-im-volkswagen-konzern-um/news/id-0032510

Schlageter. (2005). *Strategien der Automobilindustrie in Südamerika, S.30 f.* Karlsruhe: Josef EUL Verlag.

Schuhmann, K. S. (2004). *Vom Risiko- zum Vorzeigeprojekt: Auto 5000 bei Volkswagen, S.24 aus Alff (2007), S.86.* Göttingen: SOFI.

Seidel. (1977). *Erschließung von Auslandsmärkten. Auswahlkriterien, Handlungsalternativen, Entscheidungshilfen, in: Grundlagen und Praxis der Betriebswirtschaft.* Berlin.

Socialinfo. (2013). *Kaufkraft.* Abgerufen am 7. November 2013 von http://www.socialinfo.ch/cgi-bin/dicopossode/show.cfm?id=328

Spiegel Online. (23. Mai 2008). *Gründungsgipfel: Zwölf Staaten heben Lateinamerika-Union aus der Taufe.* Abgerufen am 16. November 2013 von http://www.spiegel.de/politik/ausland/gruendungsgipfel-zwoelf-staaten-heben-lateinamerika-union-aus-der-taufe-a-555101.html

Spiegel Online. (16. Mai 2011). *Joint-Venture: VW gründet China Tochter.* Abgerufen am 29. Oktober 2013 von http://www.spiegel.de/auto/aktuell/joint-venture-vw-gruendet-china-tochter-a-762373.html

Statista. (2013). *Umsatzentwicklung der Volkswagen AG.* Abgerufen am 22. Oktober 2013 von http://de.statista.com/statistik/daten/studie/30743/umfrage/umsatz-der-volkswagen-ag/

Statista. (2013a). *Argentinien: Wachstum des realen Bruttoinlandsprodukts (BIP) von 2003 bis 2013 (gegenüber dem Vorjahr).* Abgerufen am 8. Januar 2014 von http://de.statista.com/statistik/daten/studie/254221/umfrage/wachstum-des-bruttoinlandsprodukts-bip-in-argentinien/

Statista. (2013b). *Argentinien: Inflationsrate von 2003 bis 2013 (gegenüber dem Vorjahr).* Abgerufen am 20. November 2013 von http://de.statista.com/statistik/daten/studie/254225/umfrage/inflationsrate-in-argentinien/

Statista. (2013c). *Brasilien: Inflationsrate von 2003 bis 2013 (gegenüber dem Vorjahr).* Abgerufen am 30. Dezember 2013 von http://de.statista.com/statistik/daten/studie/169272/umfrage/inflationsrate-in-brasilien/

Statista. (2013c). *Brasilien: Inflationsrate von 2003 bis 2013 (gegenüber dem Vorjahr).* Abgerufen am 20. November 2013 von http://de.statista.com/statistik/daten/studie/169272/umfrage/inflationsrate-in-brasilien/

Statista. (2013d). *Größte Autohersteller in Brasilien im Jahr 2011 nach Anzahl produzierter Fahrzeuge.* Abgerufen am 12. November 2013 von http://de.statista.com/statistik/daten/studie/256338/umfrage/groesste-autohersteller-in-brasilien/

Statista. (2013e). *Mexiko: Wachstum des realen Bruttoinlandsprodukts (BIP) von 2003 bis 2013 (gegenüber dem Vorjahr)*. Abgerufen am 20. November 2013 von http://de.statista.com/statistik/daten/studie/14546/umfrage/wachstum-des-bruttoinlandsprodukts-in-mexiko/

Statista. (2013f). *Anzahl der produzierten Kraftfahrzeuge in Mexiko im Jahr 2012*. Abgerufen am 22. November 2013 von http://de.statista.com/statistik/daten/studie/239025/umfrage/produktion-von-kraftfahrzeugen-in-mexiko/

Statista. (2013g). *Größte Autoexporteure aus Mexiko im Jahr 2012 nach Anzahl exportierter Fahrzeuge*. Abgerufen am 22. November 2013 von http://de.statista.com/statistik/daten/studie/254450/umfrage/autoexporteure-aus-mexiko/

Statistisches Bundesamt. (2011). *Länderprofil Brasilien*. Abgerufen am 16. November 2013 von https://www.destatis.de/DE/Publikationen/Thematisch/Internationales/Laenderprofile/Brasilien.pdf;jsessionid=8615CEC4B11A98F395EB776072210BA1.cae3?__blob=publicationFile

TAZ. (10. Juni 2012). *VW findet das Steuerschlupfloch*. Abgerufen am 31. Oktober 2013 von http://www.taz.de/!95061/

Terra Brasil. (2013). *Landwirtschaft in Brasilien*. Abgerufen am 11. November 2013 von http://www.landwirtschaftsreisen.de/landwirtschaft-in-brasilien/

UBS. (September 2012). *Preise und Löhne*. Abgerufen am 8. November 2013 von http://www.ubs.com/global/de/wealth_management/wealth_management_research/prices_earnings/_jcr_content/par/linklist/link.323737077.file/bGluay9wYXRoPS9jb250ZW50L2Rhb S91YnMvZ2xvYmFsL3dlYWx0aF9tYW5hZ2VtZW50L3dlYWx0aF9tYW5hZ2VtZW50X3Jlc2VhcmNoL3ByaWNlc19lYXJuaW5ncw== NoL1BfTF8yMDEyX2R

Urlaub in Mexiko. (2010). *Landesinformationen, Wirtschaft*. Abgerufen am 20. Oktober 2013 von http://www.mexiko.mx/landesinformation/wirtschaft/

Volkswagen AG. (9. Dezember 2009). *Volkswagen und Suzuki vereinbaren umfassende Partnerschaft*. Abgerufen am 29. Oktober 2013 von http://www.volkswagenag.com/content/vwcorp/info_center/de/news/2009/12/Suzuki.html

Volkswagen AG. (3. Februar 2010). *Volkswagen Konzern konkretisiert Strategie 2018*. Abgerufen am 10. Oktober 2013 von http://www.volkswagenag.com/content/vwcorp/info_center/de/news/2010/02/Investor_Day.html

Volkswagen AG. (2011). *Strategie, Konzernstrategie 2018*. Abgerufen am 20. Dezember 2013 von http://www.volkswagenag.com/content/vwcorp/content/de/the_group/strategy.html

Volkswagen AG. (2012). *Geschäftsbericht, S.23-154*. Abgerufen am 2. November 2013 von http://www.volkswagenag.com/content/vwcorp/info_center/de/publications/2013/03/Y_2012_d.bin.html/binarystorageitem/file/GB+2012_d.pdf

Volkswagen AG. (2012a). *Volkswagen Navigator*. Abgerufen am 8. November 2013 von http://www.volkswagenag.com/content/vwcorp/info_center/de/publications/2012/03/navigator-2012---zahlen-daten-fakten.bin.html/binarystorageitem/file/Navigator_21_09_2012_de_WEB.pdf

Volkswagen AG. (2013). *Nachhaltigkeit und Verantwortung*. Abgerufen am 2. November 2013 von http://www.volkswagenag.com/content/vwcorp/content/de/sustainability_and_responsibility.bin.html/pdfFile/nachhaltigkeit_undverantwortung.pdf

Volkswagen AG. (2013a). *EcoFuel*. Abgerufen am 28. Dezember 2013 von http://www.volkswagen.de/de/markenwelt/verantwortung/produkte/ecofuel.html

Volkswagen AG. (2013b). *Bereit für das Elektrozeitalter*. Abgerufen am 28. Dezember 2013 von http://www.volkswagen.de/de/markenwelt/verantwortung/technologien/antriebe_und_motoren/bereit_fuer_das_Elektrozeitalter.html

Volkswagen AG. (14. März 2013c). *Volkswagen Konzern erreicht 2012 wichtige Etappenziele*. Abgerufen am 20. Dezember 2013 von http://www.volkswagenag.com/content/vwcorp/info_center/de/news/2013/03/VW_Group.bin.html/pdfFile/volkswagen_konzernerreicht2012wichtigeetappenziele.pdf

Volkswagen AG. (12. Februar 2013d). *Prognosebericht, Schwächeres Wachstum der Automobilmärkte erwartet*. Abgerufen am 22. Dezember 2013 von http://geschaeftsbericht2012.volkswagenag.com/serviceseiten/downloads/files/prognosebericht_vw_gb12.pdf

Volkswagen de Argentina. (2013). *Geschichte*. Abgerufen am 25. Oktober 2013 von http://www.volkswagenag.com/content/vwcorp/content/de/the_group/history.html

Volkswagen de Mexico. (2013). *Puebla (Mexiko)*. Abgerufen am 22. Oktober 2013 von http://www.volkswagen.de/de/markenwelt/verantwortung/Standorte/amerika/puebla.html

Volkswagen de Mexico. (2013). *Silao (Mexiko)*. Abgerufen am 22. Oktober 2013 von http://www.volkswagen.de/de/markenwelt/verantwortung/Standorte/amerika/Silao.html

Volkswagen do Brasil. (2013). *Anchieta*. Abgerufen am 25. Oktober 2013 von http://www.volkswagen.de/de/markenwelt/verantwortung/Standorte/amerika/anchieta.html

Wikipedia. (2014). *Mercosur*. Abgerufen am 8. Januar 2014 von http://de.wikipedia.org/wiki/Mercosur

Wirtschaftswoche. (9. Juni 2012). *Ohne Steuerzahlung: VW kann Porsche übernehmen*. Abgerufen am 31. Oktober 2013 von http://www.wiwo.de/unternehmen/auto/zusammenschluss-ohne-steuerzahlung-vw-kann-porsche-uebernehmen/6720944.html

Wirtschaftswoche. (3. Dezember 2012a). *Volkswagen wird General Motors überholen*. Abgerufen am 21. Dezember 2013 von http://www.wiwo.de/unternehmen/auto/absatzprognose-volkswagen-wird-general-motors-ueberholen/7472892.html

Zeit Online. (14. Juni 2006). *In diesem Werk lernt Deutschland*. Abgerufen am 27. Oktober 2013 von http://www.zeit.de/2006/25/VW-sofi_xml

Zeit Online. (12. September 2011). *Suzuki kündigt Volkswagen die Zusammenarbeit*. Abgerufen am 29. Oktober 2013 von http://www.zeit.de/wirtschaft/unternehmen/2011-09/volkswagen-suzuki-beteiligung

Anhang

Anhangverzeichnis

Anhang 1	Zollabbau durch GATT-Verhandlungsrunde	XVIII
Anhang 2	Beispiel Kosteneinsparung von Lohn- und Materialkosten	XVIII
Anhang 3	Lebenszyklus der Kundenbeziehung nach Preißner (2009)	XIX
Anhang 4	Arbeitslosenquote Argentinien	XIX
Anhang 5	Abbildung des Elektromobils Volkswagen E-Up!	XX
Anhang 6	Die weltgrößten Stadtmetropolen (2011)	XXI
Anhang 7	Internationale Freihandelsabkommen Mexikos	XXI
Anhang 8	Infrastrukturvorhaben in Argentinien	XXII
Anhang 9	Eigene Erhebung zum Standort Argentinien	XXII
Anhang 10	Eigene Erhebung zum Standort Brasilien	XXIV
Anhang 11	Eigene Erhebung zum Standort Mexiko	XXV

Anhang 1 Zollabbau durch GATT-Verhandlungsrunden

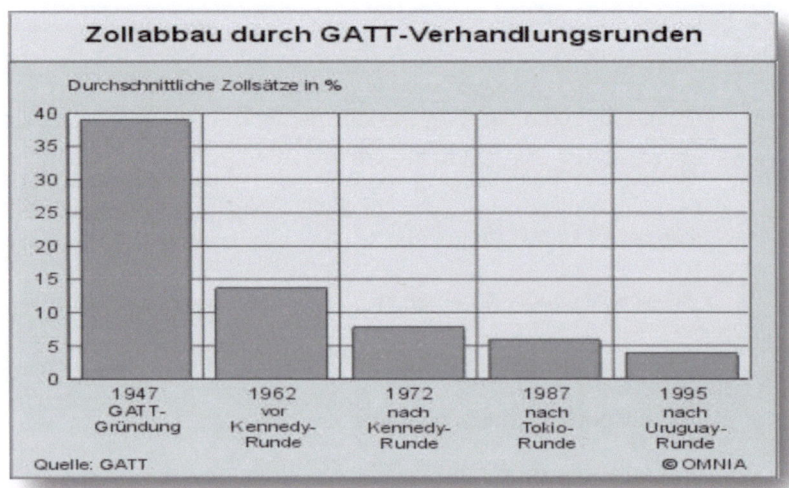

Anhang 2 Beispiel Kosteneinsparung von Lohn- und Materialkosten

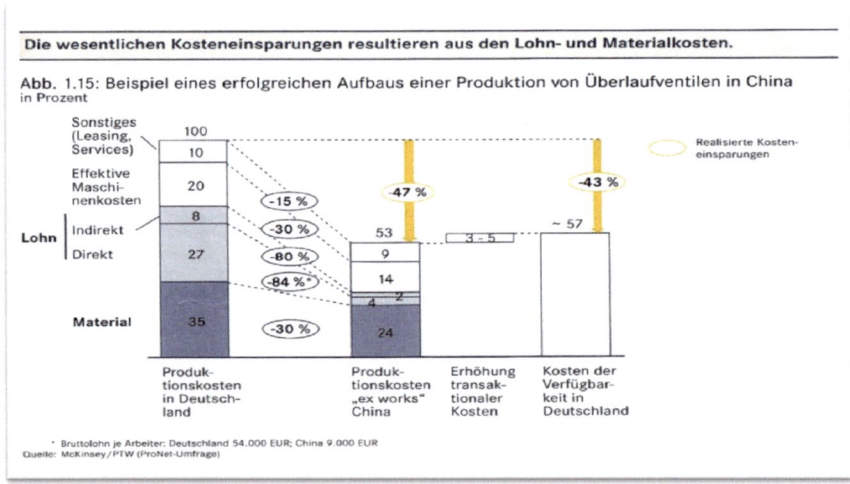

Anhang 3 Lebenszyklus der Kundenbeziehung nach Preißner (2009)

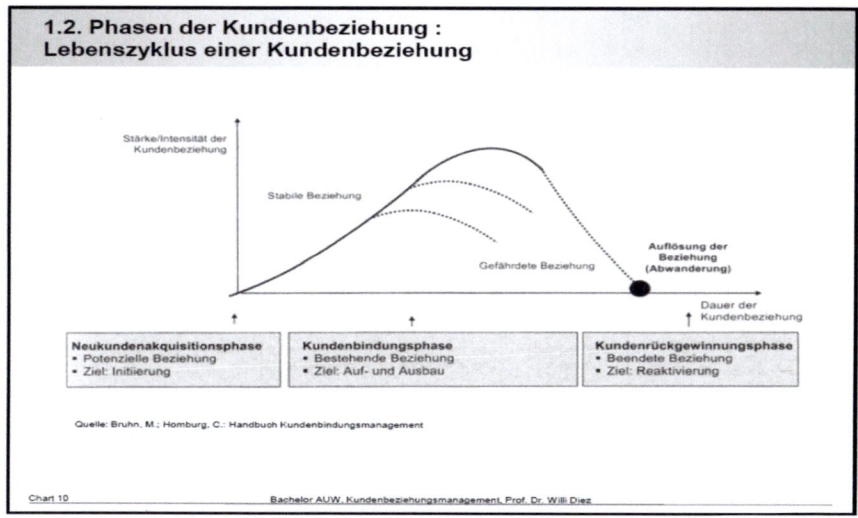

Anhang 4 Arbeitslosenquote Argentinien

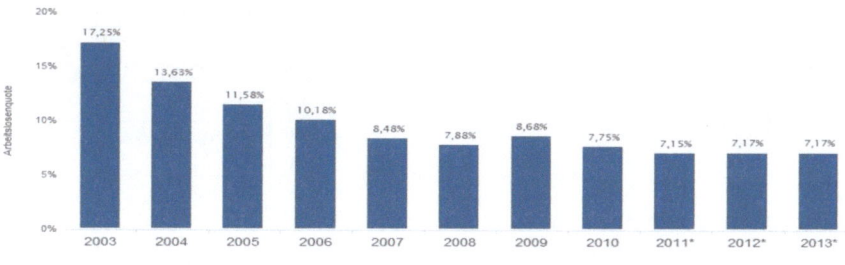

Anhang 5 Abbildung des Elektromobils Volkswagen E-Up!

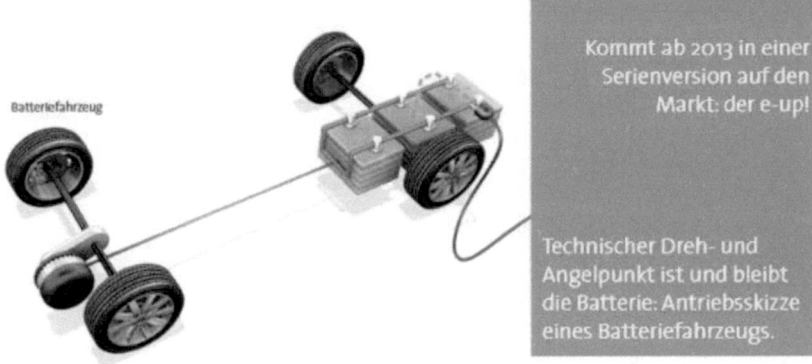

Quelle: Volkswagen AG (2013)

Anhang 6 Die weltgrößten Stadtmetropolen (2011)

Mega-Cities und ihre Entwicklung (Bevölkerung in Mio.)

Rang 2011	Ballungsraum	Bevölkerung	Rang 2025	Ballungsraum	Bevölkerung
1.	Tokio	37,2	1	Tokio	38,7
2.	Delhi	22,7	2	Delhi	32,9
3.	Mexiko-Stadt	20,5	3	Shanghai	28,4
4.	New York-Newark	20,4	4	Mumbai	26,6
5.	Shanghai	20,2	5	Mexiko-Stadt	24,6
6.	São Paulo	19,9	6	New York-Newark	23,6
7.	Mumbai	19,7	7	São Paulo	23,2
8.	Peking	15,6	8	Dhaka	22,9
9.	Dhaka	15,4	9	Peking	22,6
10.	Kalkutta	14,4	10	Karachi	20,2

Quelle: UN, "World Urbanization Prospects: The 2011 Revision"

Anhang 7 Internationale Freihandelsabkommen Mexikos

Freihandelsabkommen Mexikos

Partnerland/Partnerregion	In Kraft seit...
NAFTA	1.1.94
Kolumbien	1.1.95
Chile	1.8.99
Guatemala	14.3.00 1)
Israel	1.7.00
Europäische Union (EU)	1.7.00
Zentralamerika 2)	1.9.12 mit Nicaragua und El Salvador, 1.1.13 mit Honduras, 1.7.13 mit Costa Rica, Guatemala hat Ratifizierung noch nicht abgeschlossen
EFTA (Island, Liechtenstein, Norwegen, Schweiz)	1.10.01
Uruguay	15.7.04
Japan	1.4.05
Peru	1.3.12

1) In Kraft bis Guatemala das Freihandelsabkommens mit Zentralamerika ratifiziert hat;

2) Ersetzt bilaterale Freihandelsabkommen mit Costa Rica und Nicaragua sowie ein Regionalabkommen mit El Salvador, Honduras und Guatemala

Quelle: Germany Trade & Invest (2013f)

Anhang 8 Infrastrukturvorhaben in Argentinien

Ausgewählte Infrastrukturvorhaben

Vorhaben	Investitionen in Mio. US$
Wasserkraftwerke Dr. Néstor Kirchner (vormals Cóndor Cliff), Jorge Cepernic (vormals La Barrancosa), Chihuidos, Los Blancos, Portezuelo del Viento, Punta Negra und Potrero del Clavillo	9.000
Verschiedene Projekte der Atomernergie (Ausweitung der Nutzungszeit des AKW Embalse, Fertigstellung von AKW Atucha II, Kernreaktor Carem)	5.000
Eisenbahnbauprojekte im Rahmen eines Abkommens mit der VR China	3.100
Verschiedene Projekte für die Förderung und Verarbeitung von Erdöl u. -gas	3.000
Verschiedene Projekte der Energieerzeugung (vornehmlich Bau- und Erweiterung von Gas- und-Dampf-Kraftwerken)	2.750
Ausbau des Gasleitungsnetzes sowie Zukauf von Gaslieferungen	2.500
Wasserkraftwerk Yacyretá und andere Wasserkraftvorhaben in Zusammenarbeit mit Paraguay	2.340

Quelle: Mecon (Argentinisches Wirtschaftsministerium)

Anhang 9 Eigene Erhebung zum Standort Argentinien

Fragebogen zum Standort Argentinien

Unternehmen: Volkswagen AG

Name   Matthias Hebben
Hochschule   FH Dortmund
Studiengang   International Business (8 Sem)
Datum   16.12.2013

Bitte nehmen Sie sich einige Minuten Zeit, um den folgenden Fragebogen zu beantworten. Die Fragen beziehen sich auf die BA-Thesis „Die strategische Standortwahl von Volkswagen in Schwellenländern." Ihre Angaben sollen dazu dienen, die wirtschaftliche Situation von Volkswagen zu konkretisieren.

1. Was waren die Hauptgründe für Volkswagen in den Standort Argentinien zu investieren?
    a) Kostenvorteile
    b) Erschließung eines neuen Absatzmarktes
    c) Globale Unternehmensstrategie
    d) Sonstige:

2. a) Wie reagiert Volkswagen auf die hohe Inflation? b) Wie verhält sich Volkswagen gegenüber den zunehmenden Importrestriktionen?

   a) _____

   b) _____

3. Wie hoch schätzen Sie die Wachstumschancen in Argentinien ein?

   a) Sehr hoch   d) Rückläufig
   b) Hoch   e) Stark Rückläufig
   c) Stagnierend

4. Welche Risiken sehen Sie auf dem argentinischen Markt?

   a) Hohes Währungsrisiko   d) Rückläufige Nachfrage
   b) Verlust von Wettbewerbsfähigkeit e) Sonstige:
   c) Steigende Lohnkosten

5. Welche Kosteneinsparung wird durchschnittlich pro Jahr im Vergleich zu Deutschland erzielt?

   d) < 10 Mio. EUR   d) > 100 Mio. EUR
   e) 10 – 50 Mio. EUR
   f) 51 – 100 Mio. EUR

6. Wie hoch ist die durchschnittliche Gewinnmarge pro Fahrzeug?

   a) 1 – 15%   d) 46 – 60%
   b) 16 – 30%   e) > 60%
   c) 31 – 45%

7. Welche Absatzzahlen und welchen Gewinn kalkulieren Sie für die folgenden Jahre?

   a) 2013:   d) 2016:
   b) 2014:   e) 2017:
   c) 2015:   f) 2018:

8. Mit welchen strategischen Maßnahmen möchten Sie die Ziele erreichen?

   a)_____
   b)_____
   c)_____

9. Sind weitere Investitionsprojekte in Argentinien geplant? Wenn ja, welche?

   a) _____
   b) _____
   c) _____

Anhang 10 Eigene Erhebung zum Standort Brasilien

Fragebogen zum Standort Brasilien

Unternehmen:	Volkswagen AG	Name	Matthias Hebben
		Hochschule	FH Dortmund
		Studiengang	International Business (8 Sem)
		Datum	16.12.2013

Bitte nehmen Sie sich einige Minuten Zeit, um den folgenden Fragebogen zu beantworten. Die Fragen beziehen sich auf die BA-Thesis „Die strategische Standortwahl von Volkswagen in Schwellenländern." Ihre Angaben sollen dazu dienen, die wirtschaftliche Situation von Volkswagen zu konkretisieren.

1. Was waren die Hauptgründe für Volkswagen in den Standort Brasilien zu investieren?
    a) Kostenvorteile
    b) Erschließung eines neuen Absatzmarktes
    c) Globale Unternehmensstrategie
    d) Sonstige:

2. Sind für die Weltmeisterschaft 2014 und die Olympischen Spiele 2016 besondere Projekte geplant? Wenn ja, welche?
    c) _____
    d) _____

3. Wie hoch schätzen Sie die Wachstumschancen in Brasilien ein?
    g) Sehr hoch   d) Rückläufig
    h) Hoch   e) Stark Rückläufig
    i) Stagnierend

4. Welche Risiken sehen Sie auf dem brasilianischen Markt?
    a) Hohes Währungsrisiko   d) Rückläufige Nachfrage
    b) Verlust von Wettbewerbsfähigkeit e) Sonstige:
    e) Steigende Lohnkosten

5. Welche Kosteneinsparung wird durchschnittlich pro Jahr im Vergleich zu Deutschland erzielt?
    a) < 10 Mio. EUR   d) > 100 Mio. EUR
    b) 10 – 50 Mio. EUR
    c) 51 – 100 Mio. EUR

6. Wie hoch ist die durchschnittliche Gewinnmarge pro Fahrzeug?
    d) 1 – 15%   d) 46 – 60%
    e) 16 – 30%   e) > 60%
    f) 31 – 45%

7. Welche Absatzzahlen und welchen Gewinn kalkulieren Sie für die folgenden Jahre?
    d) 2013:   d) 2016:
    e) 2014:   e) 2017:
    f) 2015:   f) 2018:

8. Mit welchen strategischen Maßnahmen möchten Sie die Ziele erreichen?
    a)_____
    b)_____
    c)_____

9. Sind weitere Investitionsprojekte in Brasilien geplant? Wenn ja, welche?
    a) _____
    b) _____
    c) _____

Anhang 11 Eigene Erhebung zum Standort Mexiko

Fragebogen zum Standort Mexiko

Unternehmen:	Volkswagen AG	Name	Matthias Hebben
		Hochschule	FH Dortmund
		Studiengang	International Business (8 Sem)
		Datum	16.12.2013

Bitte nehmen Sie sich einige Minuten Zeit um den folgenden Fragebogen zu beantworten. Die Fragen beziehen sich auf die BA-Thesis „Die strategische Standortwahl von Volkswagen in Schwellenländern." Ihre Angaben sollen dazu dienen, die wirtschaftliche Situation von Volkswagen zu konkretisieren.

1. Was waren die Hauptgründe für Volkswagen in den Standort Mexiko zu investieren?
    a) Kostenvorteile
    b) Erschließung eines neuen Absatzmarktes
    c) Globale Unternehmensstrategie
    d) Sonstige:

2. Hat die hohe Konzentration von staatlichen Monopolen bzw. Oligopolen wirtschaftliche Auswirkungen auf das Unternehmen? Wenn ja, welche?
    a) _____
    b) _____

3. Wie hoch schätzen Sie die Wachstumschancen in Mexiko ein?
- a) Sehr hoch
- b) Hoch
- c) Stagnierend
- d) Rückläufig
- e) Stark Rückläufig

4. Welche Risiken sehen Sie auf dem mexikanischen Markt?
- a) Hohes Währungsrisiko
- b) Verlust von Wettbewerbsfähigkeit
- f) Steigende Lohnkosten
- d) Rückläufige Nachfrage
- e) Sonstige:

5. Welche Kosteneinsparung wird durchschnittlich pro Jahr im Vergleich zu Deutschland erzielt?
- a) < 10 Mio. EUR
- b) 10 – 50 Mio. EUR
- c) 51 – 100 Mio. EUR
- d) > 100 Mio. EUR

6. Wie hoch ist die durchschnittliche Gewinnmarge pro Fahrzeug?
- a) 1 – 15%
- b) 16 – 30%
- c) 31 – 45%
- d) 46 – 60%
- e) > 60%

7. Welche Absatzzahlen und welchen Gewinn kalkulieren Sie für die folgenden Jahre?
- a) 2013:
- b) 2014:
- c) 2015:
- d) 2016:
- e) 2017:
- f) 2018:

8. Mit welchen strategischen Maßnahmen möchten Sie die Ziele erreichen?
- a) _____
- b) _____
- c) _____

9. Sind weitere Investitionsprojekte in Mexiko geplant? Wenn ja, welche?
- a) _____
- b) _____
- c) _____